nach Memel (Klaipeda)
Kurische Nehrung
Kurisches Haff
Ruß
Gilge
Tauroggen (Taurage)
Memel
Jubarkas
Tilsit (Sowjetsk)
Brüsterort
Samland
zu Rußland
Königsberg (Kaliningrad)
Pregel
Kaunas
Stausee v. Kaunas
Wilija (Neris)
Wilna (Vilnius)
Narotschsee
Molodetschno
Rixhöft
Hela
Danziger Bucht
Lauenburg (Lebork)
Gdingen (Gdynia)
Danzig (Gdańsk)
Frische Nehrung
Frisches Haff
Braunsberg (Braniewo)
Elbing (Elbląg)
Insterburg (Tschernjachowsk)
Gumbinnen (Gussew)
Kapsukas
Alytus
Merkys
Beresina
Litauen
Ostpreußen
Rastenburg (Kętrzyn)
Mauersee (J. Mamry)
Suwałki
309
329
346
Dirschau (Tczew)
Nogat
Marienburg (Malbork)
Pomerellen
Brahe
Osterode (Ostróda)
Allenstein (Olsztyn)
Spirdingsee (J. Śniardwy)
117
Lyck (Ełk)
Augustów
Biebrza
Njemen
Stolbzy
Marienwerder (Kwidzyn)
Ortelsburg (Szczytno)
Masuren
312
Graudenz (Grudziądz)
Baranowitschi
Bromberg (Bydgoszcz)
Thorn (Toruń)
28
Drewenz (Drwęca)
Mława
Ostrołęka
Łomża
Narew
Białystok
Wolkowysk
Slonim
Rußland
Ciechanów
Ostrów Mazowiecka
Białowieża
Oginski-K.
Hohensalza (Inowrocław)
Pułtusk
Czeremcha
Bug
Jasselda
Płock
Włocławek
Weichsel (Wisła)
Nowy Dwór
Warschau (Warszawa)
86
Siedlce
Kobrin
Dnjepr-Bug-K.
Pinsk
134
Kutno
Brest
Pripjet
Konin
Warta
Polen
Łódź
Skierniewice
Łuków
Kalisch (Kalisz)
Pabianice
Pilica
Dęblin
Stochod
Goryn
Ostrów Wlkp.
Zduńska Wola
Tomaszów Mazowiecki
Wieprz
Kowel
Petrikau (Piotrków Tryb.)
Radom
Chełm
Styr
Lublin
Radomsko
Wladimir-Wolynskij
Kielce
Łysogóry
612
Nowowolynsk
Luzk
Rowno
Wolhynien
Zamość
Oppeln (Opole)
243
Tschenstochau (Częstochowa)
Sandomierz
138
Dubno
Warthe
Stalowa Wola
Tscherwonograd
Neisse (Nysa)
Beuthen (Bytom)
Zawiercie
Roztocze
Ukraine
Kremenez
Weichsel (Wisła)
San
Rawa-Russkaja
390
Brody
Ratibor (Racibórz)
Gleiwitz (Gliwice)
Kattowitz (Katowice)
Rzeszów
Jarosław
185
Krakau (Kraków)
205
Tarnów
320
Solotschew
Lemberg (Lwow)
Auschwitz (Oświęcim)
Przemyśl
Galizien
Troppau (Opava)
Ternopol
Oder
Ostrau (Ostrava)
Dunajec
Neusandez (Nowy Sącz)
Sambor
Dnjestr
Bereshany
Bielsko-Biała
Babia Gora
1725
Beskiden
Lysá hora
1323
Jablunkapaß
550
Sanok
Drogobytsch
Duklapaß
502
Borislaw
Stryj
Hohe Tatra
Zakopane
Gerlsdorfer Spitze
2654
Bardejov
Waldkarpaten
Kalusch
Tschortkow
Gottwaldov
Žilina
Váh
Waag
Prešov
889
Uschoker Paß
Iwano-Frankowsk
Slowakei
Poprad
Niedere Tatra
2043
Lomniza
Kolomyja
Trentschin (Trenčín)
1213
1477
Kaschau (Košice)
Pruth
Banská Bistrica
Slowak. Erzgebirge
Ushgorod
1881
Karpaten
Tschernowzy
Zvolen
Latorica
Tschop
Mukatschewo
Jablonizki-Paß
931
Piešťany
Sátoraljaújhely
Theiß
2061
Gowerla
Bukowina
Gran (Hron)
Nitra
Bodrog
Sajó
Chust
Miskolc
130
Tokaj
Rădăuţi
Eipel (Ipel)
Salgótarján
Nyíregyháza
Satu Mare
Sighetul Marmaţiei
Prislop
1414
Cimpulung Moldovenesc
Schütt
Komárno
1015
Eger
Mátra
Szamos
Gutâi 1442
2303
Pietrosul
Vác
Gyöngyös
Carei
Baia Mare
Raab (Győr)
Komárom
Esztergom
Theiß (Tisza)
121
Somes
Mare
Tihuţa
115
Budapest
Debrecen
Someşul
1205
Bistriţa
Tatabánya
Ungarn
Karcag
2100
Pietrosul
704
Kőris-hegy
Székesfehérvár
Szolnok
Dej
Nagykőrös
Oradea
Klausenburg (Cluj-Napoca)
Repede
Reghin
Gheorgheni

Masuren, Kaschubien & anderswo

Hans Joachim Kürtz

Masuren, Kaschubien & anderswo

Reisen ins Gestern und Heute

Mit einem Vorwort von Arno Surminski

westermann

Bildnachweis: alle Fotos Hans Joachim Kürtz

Umschlagfoto: Dorfteich in Jäglack (Jeglawki), dem Geburtsort Arno Surminskis

CIP-Titelaufnahme der Deutschen Bibliothek
Kürtz, Hans Joachim:
Masuren, Kaschubien & anderswo: Reisen ins
Gestern und Heute / Hans Joachim Kürtz. Mit
einem Vorw. von Arno Surminski. – Braunschweig:
Westermann, 1992
ISBN 3-07-50 9401-3
NE: HST

Druck und Bindung: westermann druck GmbH, Braunschweig
ISBN 3-07-50 9401-3

Inhalt

Vorwort

Ein halbes Jahrhundert sahen wir die Landschaften des europäischen Ostens wie Spiralnebel entfliehen, die Bilder waren mehr Erinnerung als Realität, die Zeit trübte sie ein wie vergilbte Fotografien. Und hätte der Eiserne Vorhang noch weitere fünfundzwanzig Jahre Bestand gehabt, uns wären alle Vorstellungen abhandengekommen, denn mit den Menschen sterben auch die Bilder, die sie in ihrem Gedächtnis tragen. Landschaften wie das Samland und die Elchniederung wären uns zur Terra incognita geworden, wartend auf einen neuen Kolumbus.

Der große Umbruch im Osten hat uns jene Welt zurückgegeben. Verbotene Städte wie Königsberg sind einsehbar, verbotene Landschaften wie die Kurische Nehrung wieder begehbar. Die Bilder der Erinnerung stoßen mit der Realität zusammen, und nicht immer ist es heiter, oft tut es weh, manchmal fließen Tränen.

Mit Masuren, der Kaschubei, der Halbinsel Hela und dem nördlichen Ostpreußen hat Hans Joachim Kürtz Glanzpunkte der Landschaften zwischen Oder und Memel ausgewählt. Ein Geschichtsbuch ist entstanden, das die Vergangenheit mit Worten und die Gegenwart mit Bildern zeichnet, ein Fest der malenden Kamera.

Zurückgreifend bis zu den Ureinwohnern, schildert Kürtz die Geschichte der Bewohner, die Masurische Passion, das Überleben der Kaschuben zwischen Polen und Deutschen sowie Aufstieg, Zerstörung und Wiederaufbau der bedeutendsten Städte: Königsberg, Danzig, Elbing.

Weil es um Landschaften geht, die einst auch von Deutschen besiedelt waren, erwächst beim Lesen eine Spannung zwischen der Vertrautheit des Alten und der Fremdheit des Neuen, eine Spannung, die das Buch von der ersten bis zur letzten Seite begleitet. Heute läßt sich glaubhaft über diesen Teil Europas nur noch in einer übergeordneten Weise berichten, die die besitzanzeigenden Adjektive ausspart, die nationalen Aktiva und Passiva zwar nicht leugnet, aber daraus keine Forderungen ableitet. Diesem Anspruch wird das Buch gerecht. In den Texten dominiert der Mensch, in den Bildern die Natur. Sie ist die Stärkere. Während das von Menschen Errichtete in den Katastrophen unserer Zeit größtenteils unterging, blieben die uralten Alleen, die masurischen Kiefernwälder, die gläsernen Seen, die pommerschen Kartoffelfelder, die Störche und Elche, auch die Sandwolken, die der Seewind über die Dünenhänge der Nehrungen weht.

Arno Surminski

Wo der Herrgott seine Wasserzuber leerte

Lassen wir es bei der Legende. – Als der Herrgott am Abend des sechsten Schöpfungstages wohlgefällig auf das vollendete Werk herabschaute, störte ihn doch noch ein ganz kleiner Zipfel auf dem jungfräulichen Erdenrund. Wasser hatte er noch reichlich übrig behalten. So leerte er ein paar randvolle Bottiche über den nicht so recht gelungenen Landstrich. Tausende von lieblichen Seen, Teichen und Tümpeln erfreuten da fortan sein Auge.

So entstand Masuren, als prächtig gelungene Nachbesserung, auch wenn die Wissenschaft – allen Legenden abhold – das masurische Seenwunder als die bloße Hinterlassenschaft von ein paar – zugegeben – gigantischen Gletschern dreier Eiszeiten abtun will, als glaziale Furchungen im Moränenschutt, als Schmelzwassersenken im Baltischen Höhenrücken. Nein, dieses mystische und mythische Land Masuren eignet sich mehr für Legenden als für die analytische Betrachtung durch die Wissenschaft, die sich mit bloßer morphologischer Begründung zufrieden gibt. Der große Geograph Caspar Hennenberger, dem wir die erste Preußenkarte verdanken, hatte vor 400 Jahren in seiner *Kurtzen und Wahrhaftigen Beschreibung des Landes zu Preußen* wenigtens noch Begeisterung äußern können: „Ja, wo ist ein Land, das so viel schöne und herrliche Seen hatte als Preußen?"

Die Erkundung dieses eigenwilligen Landes Masuren: Es ist die Reise nach Gestern – die Zeit ist hier zögerlicher verronnen als anderswo. Vieles fügt sich noch mühelos in das Raster der Erinnerung. Hatte die Welt in Masuren zwischenzeitlich schlicht vergessen unterzugehen, wie Arno Surminski über das Land seiner Kindheit mutmaßt? Es ist die Reise in die Gegenwart, über die die Geschichte ihre unseligen Schatten wirft. Hier ist die gemeinsame Historie benachbarter Völker mit blutiger Tinte geschrieben worden – das traumatische Nachbarschaftsverhältnis von Polen und Deutschen nahm hier seinen Anfang. Am Ende ist es auch eine Reise auf dem Weg nach Morgen. Die junge Generation ist dabei, sich von den alten, nationalen Ängsten, Vorurteilen und Stereotypen zu lösen, weil die Grenzen im entstehenden gemeinsamen „Haus Europa" an Bedeutung verlieren. In Masuren zeigt sich hoffnungsvoll Annäherung. „Fortschreitende Annäherung" hatte der große ostpreußische Kopf Immanuel Kant in seiner Schrift *Zum ewigen Frieden* als dessen unerläßliche Voraussetzung genannt. Kant sollte mir bei der Erkundung des vormaligen Ostpreußens noch häufiger begegnen.

Ein Wegkreuz am Dorfrand von Burszewo, das früher Prußhöfen hieß und davor Burschewen: Der gußeiserne Gekreuzigte hat Rost angesetzt. Der Kranz aus Plastikblumen ist lange schon verblichen.

Jezu kochany, jakżeś przyszedł do Burszewa? Wie bist du, Jesu, Herzliebster, nur hierher nach Masuren gekommen?

Nach Burszewo, das Prußhöfen war, als man auf seiner Dorfstraße noch deutsch sprach

Wegkreuze am Straßenrand – mit den neuen Bewohnern aus Ostpolen kam der katholische Glaube nach Masuren.

Seite 8/9: Erinnerung an die Eiszeit – die Gletscher hinterließen allein in Masuren 3000 Seen.

und nicht polnisch, das evangelisch war, ohne Wegkreuze, und noch nicht katholisch? Wer hat dich gefragt, ob du aus deinem Grodnoer Land überhaupt in diese Gegend wolltest? Niemand wird dich da gefragt haben!

Jadwiga Brakoniecka hatte dich damals vom Wegkreuz vor ihrem Hof herabgenommen, hatte dich in ein Wolltuch gewickelt und dich behutsam auf den Pferdewagen gepackt, zu ihren Habseligkeiten. Du lagst bei dem, was man sie mitnehmen ließ, 1946, als sie für alle Zeiten aus ihrem kleinen Dorf bei Grodno fortziehen mußte. Westwärts, verjagt aus ihrer ostpolnischen Heimat, die Stalin aus der Konkursmasse des Krieges für sich beanspruchte – wie die ganze „Kresy" – das weite, polnische Land jenseits des Bug, das Warschau an Moskau abtreten mußte: Podole, Polesie und Wolyn, Wilna, Lwów und Grodno. Kresy, die „Hinterlande", steht für die Polen als Synonym für ihr verlorenes Land im Osten, als gleichermaßen gefühlsbeladene Entsprechung für die „alte Heimat" der vertriebenen Deutschen.

Auch Jadwiga Brakoniecka hatte damals niemand gefragt, ob sie denn westwärts wollte, nach Burszewo, das seinen deutschen Namen mit seinen deutschen Bewohnern verloren hatte. Auch die hatten ungefragt gen Westen ziehen müssen, im eisigen Februar 1945, im endlosen Millionentreck der Planwagen, auf der Flucht vor dem Grauen der Vernichtungslawine, die sich mit Kanonendonner und Schreckensmeldungen über die Greueltaten der Sieger aus dem Osten ankündigte.

Zehntausende, die die Flucht nicht mehr schafften, wurden von den neuen Herren von Haus und Hof gejagt und aus dem Land gewiesen. Unendlich viele überlebten die Ostpreußische Passion nicht. In die leeren deutschen Häuser zogen die verjagten Menschen aus den Kresy ein, die „so traurig ankamen, wie die Deutschen traurig abgezogen waren" (Arno Surminski in *Polninken*). Dazu kamen 55 000 Ukrainer – von den kommunistischen Machthabern als Strafe für ihre Teilnahme an dem erbitterten Kleinkrieg in Südpolen zwischen 1944 und 1946 zwangsumgesiedelt. Nie zuvor in der Geschichte hat ein Krieg die Menschen so herumgestoßen. Nie zuvor wurde eine solche Völkerwanderung der Millionen erzwungen, wie sie der von Hitler ausgelöste Weltenbrand zur Folge hatte.

Die Jahre hatten den Plastikblumen zu Füßen des Schmerzensmannes am Wegkreuz ihre Farbe genommen. Doch der masurische Sommer hatte üppig für Ausgleich gesorgt – für das heitere Blau der Kornblumen im benachbarten Roggenschlag, für rotleuchtende Inseln aus Klatschmohn, für gelbe Meere von Rapsfeldern, in weiten Wellen, bis zum Horizont hin. Über dessen Saum standen aufgereiht die Bäume einer alten Allee wie Soldaten gegen den Himmel.

Andrzej Brakoniecki wetzte neben dem Gekreuzigten mit Hingabe sein Sensenblatt. Die Ernten eines langen Lebens hatten es schmal werden lassen. „Mich hatten die Russen für vier Jahre nach Sibirien verschleppt, mit anderen Polen aus den Kresy. Zwangsarbeit im Wald und kein Brot. Viele sind gestorben in der weißen Hölle, auch mein Bruder. Warum klagen die Leute in Polen heute eigentlich? Von allem ist doch genug da. Genug zu essen, genug Gras für die Kühe.

Aus Ostpolen vertrieben – dieser Bauer kam aus einem Dorf bei Lemberg in seine neue Heimat bei Olsztyn (Allenstein).

Wenn es nach mir ginge, hätte ich unsere Kuh längst abgeschafft. Mit achtzig braucht man keine Milch mehr. Aber meine Frau hängt an dem Tier. Wir haben ja sonst nichts!"

Jadwiga Brakoniecka hatte das Familienalbum hervorgesucht, abgegriffene Hochzeitsbilder, Kinderbilder, Fotos von der Kommunion. Dazwischen Votivbilder der Jungfrau Maria, der Regina Poloniae: Die Königin Polens herrscht heute auch über Masuren. „Da hat man die Kinder großgezogen, und alle sind weg. Die Tochter hat nach Österreich geheiratet. Der Sohn ist ausgereist mit Familie, 1980, zu euch – die Schwiegertochter hatte deutsche Abstammung. Die wollten drüben besser leben als hier. Fünf Enkel sind da, auch schon groß – aber wir sehen sie nur selten. Wir sind allein zurückgeblieben auf dem Hof. Die Nachbarn drüben sind auch weggemacht, ins Reich, zu ihren Kindern nach Westfalen. Alle sind ausgereist ..." Die alte Frau seufzte. „Czym chata bogata, tym rada", fügte sie auffordernd hinzu: „Was unsere Hütte zu bieten hat, geben wir dem Gast mit Freuden. Essen Sie doch!"

Odjazd – ausgereist: Häufig werden wir bei unserer masurischen Erkundung dieses Wort hören. Und meist als Klage, daß die Menschen davongegangen sind. Neulich seien im

Fast jedes Dorf in Masuren hat seinen eigenen See oder seinen Dorfteich.

Dorf wieder Deutsche gewesen, Bewohner von früher, auf ihrem alten Hof, erzählt Jadwiga. Nette Leute. Nein, zurück wollten die nicht mehr kommen, ihre Kinder auch nicht. Früher, da hätten im Dorf ja einige noch Angst gehabt, daß die „Niemiecki" sich das alles wiederholen. „Heute gehen doch alle von uns zu euch. Wer will denn schon hierher?" Draußen auf dem Hof hält ein giftig fauchender Ganter einen struppigen Kläffer auf Distanz. Der alte Stall ist zur Hälfte eingestürzt, das Hausdach zeigt Löcher.

Wie in Burszewo blickt der gekreuzigte Gottessohn aus den Kresy tausendfach von seinem Kruzifix herab auf Masuren, auf dessen Seen und flach gehügelte Äcker, auf Walddickichte und Sumpfniederungen, auf grüne Dorfteiche mit nimmersatt gründelnden Entenflottillen, auf schwere Pferde vor dem Pflug, auf Backsteinburgen aus der Ordenszeit und trutzige Wehrkirchen. Und er blickt herab auf die Menschen, denen dieses Masuren Heimat geworden ist – schon ist die dritte Generation von Polen in Burszewo geboren.

Burszewo-Prußhöfen-Burschewen: drei Namen für ein kleines Dorf im Herzen von Masuren. Namen für drei Epochen seiner Historie – die Geschichte holt einen hier immer wieder ein. Burschewen deutete noch auf die alten Pruzzen, die hier den eigenen Göttern dienten, bevor die deutschen Ritter mit dem schwarzen Kreuz auf ihren weißen Mänteln über die Weichsel setzten und das Land missionierend unterwarfen. Zum Ruhme Gottes und mit dem Segen des Papstes und des Kaisers – aber auch, um für ihren jungen Ritterorden eine dauerhafte Herrschaft zu begründen – einen eigenen Ordensstaat.

Sie bekehrten die störrischen, heidnischen Stämme mit der „eisernen Bibel", dem Schwert. Denn freien Willens hatten diese nicht von den Göttern ihrer Väter lassen wollen, von Perkunos, Potrimpos und Pikollos, dem Dreigestirn der Obergötter. Auch nicht von allerlei niederen Gottheiten für Seen, Wälder und Fluren und was da kreucht und fleucht. Die Ordensritter ließen eine breite Spur von Blut und verbrannter Erde hinter sich zurück.

Doch auf der anderen Seite des Geschichtsbuches steht die beispiellose zivilisatorische Leistung des Ordens. Er gründete an die 1500 Dörfer und mehr als 90 Städte, ließ Flüsse eindeichen, Sümpfe trockenlegen und Ödnisse kultivieren. Er holte Siedler ins Land, förderte Handel und Wandel. Auf das Erbe der Gottesritter werden wir bei unserer Erkundung immer wieder stoßen.

Der Name Burschewen muß den Deutschtums-Fanatikern in Masurens braunen Jahren nicht deutsch genug geklungen haben. Sie tauften das Dorf wie ein paar Dutzend anderer ostpreußischer Orte um – Schimonken in Schmidtsdorf, Kalinowen in Dreimühlen, Burschewen wurde zu Prußhöfen eingedeutscht. Es war jene Zeit, als sich ganz in der Nähe, in den Sumpfwäldern, ein Tyrann namens Hitler hinter hundertfachem Stacheldraht und Minengürteln mit einer gespenstischen Bunkerstadt eingegraben hatte. Von dieser Befehlszentrale des Verbrechens, der „Wolfsschanze", dirigierte er den Feldzug zur Eroberung „deutschen Lebensraums" im Osten, der mit der großen Katastrophe endete. Als im Wald von Görlitz nur noch ein makabres Trümmergebirge übrig war, wurde auch für Prußhöfen ein neues Kapitel aufgeschlagen. Jemand fand dafür die Überschrift Burszewo.

Hat Puskaitis, der Pruzzengott des Waldes – versteckt im unzugänglichen Dickicht – alle Kreuzzüge gegen die alten Götter bis in unsere Tage überlebt? Die Urwälder der Puszcza Piska, der Johannisburger Heide, böten ihm noch immer genügend Unterschlupf. Ihre endlosen, grünen Dome sind noch mächtiger geworden. In diesen Wäldern verbrachte Ernst Wiechert seine Kindheit, sein „einfaches Leben". „Ich hatte das Glück, daß zu Beginn meines Lebens nur große Dinge um mich standen und daß sie große Schatten warfen. Nicht ein Hinterhaus, eine Mietwohnung, gepflasterte Erde. Sondern daß der Wald da war, ein großer Wald, große Wolken an einem großen Himmel und es war etwas wie Unendlichkeit darin ... Der ‚liebe Gott' ging noch durch den Wald, ganz allein, und seine Fußspuren leuchteten."

Hat sich Perdaitos über die Jahrhunderte nach den Pruzzentaufen hinwegretten können, irgendwo abgetaucht in den Schilfwäldern der morastigen Seeufer? Noch füllt er – für den Bereich Fischfang zuständig – in vielen der 3300 masurischen Seen die Netze: Brassensilber und Maränengold. Fettglänzend baumelten die Maränen in Nikolaiken

im Rauch der Erlenholzscheite. Doch in Mikołajki sind die Maränen rar geworden. Die drastisch wachsende Verschmutzung der masurischen Seen hat Perdaitos vielerorts vertrieben.
Srutis, die Liebliche aus dem pruzzischen Götterreigen, sorgt – unangefochten von allen Versuchen menschlicher Unvernunft, dem Paradies die Unschuld zu nehmen – für die Farben der Blumen und Blüten, die der Sommer mit so freigiebiger Hand über dieses verwunschene Stückchen Erde austeilt. Nirgendwo blühen Felder und Wiesen so üppig wie in Masuren. Haben die Streiter gegen die alten Pruzzengötter Srutis schlicht übersehen? Vielleicht sogar mit Absicht?
Die Reise in das Land Masuren, über das der Herrgott nachträglich seine Wasserzuber leerte, in dem die Ordensritter die Pruzzengötter mit dem Schwert vertrieben und das die Geschichte bis in unsere Tage so wenig geschont hat: Wo liegt dieses Land? Die Antwort läßt zögern. Denn das Masuren von einst entzieht sich wie das Mazury von heute jeder geographischen Eingrenzung durch natürliche oder willkürlich gezogene Linien auf der Landkarte. Eine historische Region Masuren hat es nie gegeben – Masuren war nie Land im staatsrechtlichen Sinne, nie Fürstentum oder Provinz.
Selbst die sonst so exakten Enzyklopädiker – deutsche wie polnische – geben sich mit der Annäherung zufrieden: „Masuren – Landschaft in S-Preußen, umfaßt, ohne geographisch oder historisch genau abgrenzbar zu sein, einen Teil der End-, Grundmoränen – und Seenlandschaft zwischen den Kernsdorfer Höhen (318 m) im SW und den Seester Höhen (310 m) im NO ...“ (Brockhaus 1971).
Auch alle Versuche, das grenzenlose Phänomen Masuren anders eindeutig zu definieren, bleiben ohne Erfolg. Der ethnische Raum, in dem die Masuren gelebt haben, eignet sich ebensowenig für geodätische Koordinaten wie etwa Sprachgrenzen. Letztere waren durch die Jahrhunderte immer fließend in diesem Grenz- und Mischgebiet der Völkerschaften.
Ist dieses Masuren eher ein imaginärer Innenraum? Ein Ort des Rückzugs in die Erinnerungswelt, in das verlorene Kindheitsparadies? Auch das Paradies hatte schließlich keine Grenzen. Ist es die Zielprojektion der Sehnsucht nach noch unverdorbener Landschaft? In Masuren, schreibt Konrad Weiss, ist man „gleichsam dem Schoße und dem frühen Atem der Schöpfung nahe ... Und ein schwebendes Gefühl der frühesten Schöpfung wird bleiben“.
Mehr noch als das Herz Ostpreußens ist Masuren denn auch seine Seele, die sich – anders als das Herz – nicht lokalisieren läßt. Nehmen wir seine Grenzen also fließend, suchen wir es im Irgendwo „zwischen Torfmooren und sandigen Ebenen, zwischen verborgenen Seen und Kiefernwäldern“ (Siegfried Lenz), irgendwo im buckligen, seenreichen Land jenseits von Olsztyn (Allenstein), zwischen Nidzica (Neidenburg) im Südwesten und Kętrzyn (Rastenburg) im Nordosten.
Masuren: Wer die Eigenart dieses Landstrichs begreifen will, muß die Erkundung schon hundert Kilometer diesseits von Allenstein beginnen – an der Nogat.

Masurischer Sommer – die Äcker verwandeln sich in ein Blütenmeer.

Die Sprache der roten Steine

Welche Sprache sprechen hier die Steine? Deutsch? Oder Polnisch? Sind sie am Ende vielleicht zweisprachig?

Der rote Backstein rede weiter deutsch, hieß es nach 1945, als man zur Legitimation des deutschen Besitzanspruches an den verlorenen Städten im Osten selbst die Architektur bemühte. Doch auch das Polnische kennt die Metapher, nur läßt es die Steine polnisch sprechen. Und nicht selten meinen beide dabei dieselben Ziegel.

Baudenkmäler seien „suggestive Dokumente der Geschichte im Dienste der Nation", hatten 1945 die neuen Direktiven für die polnische Denkmalpflege postuliert. Das galt um so mehr für die Bauwerke in den „wiedergewonnenen Westgebieten", die sich zu Symbolen des Polentums umwidmen ließen. Sie sollten den Anspruch auf „urpolnisches Land" dokumentieren helfen. Diesem politischen Bemühen um Mauerwerk polnischer Zunge verdankt ausgerechnet das mächtigste Zeugnis deutscher Präsenz jenseits von Oder und Neiße seine Rettung: die Marienburg.

Die Marienburg – die macht- und prachtvolle „Festung Gottes und der Jungfrau Maria" am Nogatufer: Als Hauptsitz der Deutschritter war sie das Nervenzentrum ihres Ordensstaates in dessen Blütezeit als weltliche Großmacht. Mit dem Alkazar in Granada und der Papstburg in Avignon gehörte sie zu den drei größten Wehr- und Schloßbauten des Abendlandes. In ihrer unübertroffenen Großartigkeit war sie steinernes Abbild des christlichen Bekehrungsdranges und zugleich Sinnbild eines herrischen, staatlichen Willens und einer landerobernden, imperialen Politik. Diese richtete sich auch gegen den polnischen Nachbarn. Den Polen ist die Marienburg deswegen Symbol für die historischen Belastungen im Nachbarschaftsverhältnis beider Völker – bis hin zu den ungemein grausamen Kriegen unseres Jahrhunderts.

„Die Mächtigkeit der Burg übertraf alles, was die polnischen Ritter bisher gesehen hatten. Dem Auge schien es, als wüchsen dort die Gebäude aufeinander und ineinander, so daß man den Eindruck hatte, in diesem von Natur her flachen Land plötzlich einen riesigen Berg zu erblicken, dessen Gipfel die Altburg und dessen Abhänge die weit ausgedehnte Vorburg bildeten."

Vor knapp hundert Jahren hatte der spätere polnische Literatur-Nobelpreisträger Henryk Sienkewicz seinen Roman *Die Kreuzritter* geschrieben. Er wurde zur patriotischen Pflichtlektüre polnischer Schüler. Mit seiner einseitigen, nationalistischen Tendenz – die deutschen Ritter unterjochen die eingesessene Bevölkerung Preußens mit Arroganz und Haß bis zu sadistischer Folter – prägte das Buch das negative Bild der Polen vom Ritterorden. Dieser wurde zum Symbol für den „ewigen deutschen Drang nach Osten". Krzyżak (Kreuzritter) – galt nach 1945 als bitteres Schmähwort für die in Polen verbliebenen Deutschen.

Die Fahrt auf dem alten Handelsweg von West nach Ost führt von Starograd (Preußisch Stargard) auf schnurgerader, breiter Straße über den träge dahinfließenden

Seite 18/19: Die Burg der Burgen – die Marienburg am Nogatufer verkörperte den Machtanspruch des Deutschen Ritterordens.

Gestutzte Kopfweiden gehören zum Landschaftsbild der weiten Niederungen.

Weichselstrom. Jenseits des hohen Uferdeiches öffnet sich die grenzenlose, grüne Ebene des Werders zwischen Weichsel und Nogat: Wiesen, fruchtbares Schwemmland, Zuckerrübenland. Kopfweiden mit ihren knorrigen, gestutzten und dutzendfach gekröpften Häuptern zeichnen eigenwillige Scherenschnitte gegen den hohen, weiten Himmel – ein ostwärts gewandertes Stück Holland.

Dann das Ortsschild: „Marlbork“ – Marienburg. Roter Backstein über dem hohen Nogatufer, Mauern, Bastionen, Türme und Erker: die Burg. Die erbitterten Kämpfe im Winter 1945 hatten von dem Trutz- und Prachtbau der Ritter Ruinen und Trümmer zurückgelassen. Sechs Wochen hatten die sinnlosen Kämpfe gedauert, verbissen hatte man dieses Symbol des Deutschtums im Osten, das die SS zu ihrer Ordensburg gemacht hatte, verteidigt, ehe man die verbrannte Stadt und die zermalmte Burg am 9. März räumte und die Nogatbrücke hinter sich sprengte.

Die russischen Granaten hatten die Burg an ihrer Ostseite bis zur Unkenntlichkeit zertrümmert. Die Seite zur Nogat hin war verhältnismäßig glimpflich davongekommen.

Es hätte in der Macht der Polen gestanden, die Relikte der gehaßten Deutschritter für alle Zeiten abzuräumen. Und in der Tat war in Warschau das Todesurteil über die Burg der Deutschen schon gesprochen. Doch überraschend begann man in den fünfziger Jahren mit dem Wiederaufbau. Man hatte entschieden, daß die Steine der Marienburg eigentlich auch polnisch sprechen – die Festung an der Nogat wurde „suggestives Denkmal im Dienste der Nation". Und dabei blieb man unbeirrt bis Ende der achtziger Jahre.

Doch im Frühjahr 1991 kam es auf der Burg zu einem denkwürdigen Treffen. Zum ersten Mal hatten die polnischen Denkmalspfleger ihre deutschen Kollegen in die Marienburg eingeladen, um sich über die Probleme bei deren Wideraufbau auszutauschen. Offen sprach man über die fragwürdigen Versuche früherer Jahre, dabei bewußt – und verfälschend – die deutsche Vergangenheit des Bauwerkes durch eine polnische zu ersetzen. Und: Man verständigte sich auf eine künftige Zusammenarbeit beim Wiederaufbau der Marienburg – „im Bewußtsein einer langen, gemeinsamen deutsch-polnischen Geschichte und aus der gemeinsamen Verantwortung zur Erhaltung ihrer baulichen und künstlerischen Zeugnisse", hieß es im offiziellen Papier. In der Marienburg dürfen die Steine künftig beide Sprachen sprechen.

Der notwendige Rückgriff auf die Geschichte: Wer war dieser Orden der deutschen Ritter gewesen, der den Missionsbefehl „Gehet hin in alle Welt und lehret alle Völker..." so geschickt für den eigenen Machtzuwachs genutzt hatte, und so rücksichtslos, daß er schließlich als Ordensstaat den Nordosten Europas beherrschte? Papst Innozenz III. hatte ihn 1199 als dritten Kreuzzugsorden aus einer deutschen Spitalbrüderschaft im Heiligen Land gegründet. „Milder denn die Lämmer und wilder denn die Löwen" sollten seine Gottesstreiter sein und „des Mönches Sanftmut mit des Ritters Tapferkeit vereinen". Als Domäne des niederen Adels, dessen Angehörigen er Versorgung und – mit der Ritterweihe – Karrierechancen bot, wuchs der neue Orden schnell zu einer kampfkräftigen Ritterschaft heran. Eifrig hielt er nach eigener territorialer Herrschaft Ausschau.

Die Gelegenheit bot der polnische Teilfürst Konrad von Masowien. Er rief den Orden gegen die pruzzischen Nachbarn zu Hilfe, als dieses letzte Heidenvolk in Europa sich allzu heftig seinen Eroberungsversuchen widersetzte. Listig hoffte er, die Ritter mit dem päpstlichen Auftrag zum Heidenkrieg als Werkzeug für seine eigenen Expansionsgelüste nutzen zu können.

Doch er hatte die Rechnung ohne den ehrgeizigen Hochmeister Hermann von Salza gemacht. Der ließ das Angebot des Masowiers, dem Orden im Gegenzug das Kulmer Land zu übereignen, gleich von zweien seiner mächtigen Vertrauten absichern und erweitern – von Kaiser Friedrich II. und Papst Gregor IX. Ersterer bestätigte dem Orden die Rechte an allen künftigen Eroberungen in Preußen. Letzterer nahm das Heidenland sozusagen für den heiligen Petrus in Besitz und gab es als Lehen für alle Zeiten an den Orden zurück.

So politisch abgesichert, gingen die Deutsch-

Die Nogat war zu Zeiten des Ritterordens eine wichtige Wasserstraße.

ritter an die Eroberung und Bekehrung des Pruzzenlandes und schufen mit deutschen Siedlern im Gefolge vollendete Tatsachen. Dem ausgebooteten Polenherzog blieb nur, dem Orden im Kruschwitzer Vertrag von 1230 außer dem Kulmer Land auch sämtliche Eroberungen in Preußen mit allen Rechten zu übertragen. Diesen Vertrag betrachten die polnischen Historiker als eine nachträgliche Fälschung des Ordens. War dessen politische Existenz in Preußen also die Folge eines kriminellen Delikts? An dieser Frage scheiden sich noch immer die Geister bei den deutsch-polnischen Historikergesprächen, die zum Abbau nationaler Einäugigkeiten und Stereotypen beitragen sollen.

Der Orden brauchte gut ein halbes Jahrhundert härtester Kämpfe gegen die Pruzzen, ehe sein Herrschaftsgebiet „befriedet“ war. Eroberer und Unterdrückte überboten sich an Grausamkeit, wobei den Rittern die Vernichtung der Heiden eine Art Gottesdienst war. Das glorifizierende Idealbild vom hehren, Zivilisation und Kultur bringenden Ordensritter haben die Historiker längst zu den Akten gelegt.

Die stolze Königin der Burgen: Fast fünf Millionen der roten, großformatigen Backsteine hatten Ziegler in achtjähriger Arbeit brennen müssen, gut eine Million allein für die Wehrmauern. Hinter ihnen liegt – abgeschlossen von der Außenwelt – ein einzigartiger, baulicher Organismus mit den Verwinkelungen, Verzahnungen und Verschachtelungen einer mittelalterlichen Stadt: Zugbrücken und Zwinger, Wehrgänge und Speicher, Schlösser, Herbergen, Kloster, Kirche und Kapelle. Genügend Gelegenheit zum Versteckspiel für die polnischen Schulklassen, die an diesem Vormittag die Innenhöfe bevölkern. Hermann von Salza und Winrich von Kniprode – lebensgroß in Bronze in eine Hofecke verbannt – dienen als Staffage für das Klassenfoto vom Ausflug in die Geschichte. Eichendorff, sagt mir Magister Pospieszny, ein junger Kunsthistoriker aus dem Konservatorenstab der Burg, der mich durch den Hochmeisterpalast führt, Joseph von Eichendorff habe das Bauwerk wohl am einfühlsamsten beschrieben:

„Tief aus dem Boden, von den übermächtigen Kellern, die wie der gebändigte Erdgeist sich unwillig beugend das Ganze tragen, erhebt sich der kühne Bau, Pfeiler auf Pfeiler, durch vier Geschosse, wie ein Münster, immer höher, leichter, schlanker, luftiger bis in die lichten Sterngewölbe des oberen Prachtgeschosses hinein, die das Ganze mehr überschweben, als bedecken... Wahrlich, hier begreift man, was Schlegel meinte, als er einst im jugendlichen Übermut die Baukunst gefrorene Musik nannte.“ So schwärmte der große Romantiker 1844 in seiner Denkschrift zur Wiederherstellung der Marienburg.

Als man diese Festung um 1280 am wichtigsten Übergang über die Nogat baute, hatte der Orden die Epoche der Pruzzenkämpfe eigentlich schon hinter sich. Die Gottesstreiter waren längst auf dem Weg zu einem mächtigen Wirtschaftskonzern. Als solcher mußte der Orden den Schiffahrtsweg und die Landstraßen zu den aufblühenden Handelsmetropolen und Seehäfen Elbing und später Danzig sichern. Die Ausläufer des hohen Nogatufers vor der Mündungsniederung waren da ein wichtiger Knotenpunkt. Ihn befestigte man durch eine Burg – die Marienburg.

Der Orden hatte – lange voller Neid auf die Kaufleute der Hanse in seinem Eroberungsgebiet blickend – den lukrativen Getreidehandel in eigene Regie übernommen. Schiffsladungen von Roggen und Weizen gingen nach Flandern, England und Schottland. Der Orden lieferte Schiffsmasten aus der Tucheler Heide und den preußischen Wäldern nach Holland, exportierte Teer und Wachs, Pottasche, Pelzwerk und das begehrte Gold des Nordens – Bernstein von der Samlandküste. Er holte Fachleute aus dem Westen – Bauern, Handwerker, Deichbauer. Er ließ Wälder roden und Sümpfe trockenlegen, baute planmäßig Dörfer und gründete Städte als Zentren des Gewerbes. Preußen erlebte einen beispiellosen Aufschwung.

Die Kreuzritter hatten mit der Flaute im gottgefälligen Kriegshandwerk nicht nur kaufmännisch zu rechnen gelernt. Sie waren auch mit ihrer straff durchorganisierten Verwaltung – die später zu einer „preußischen Spezialität" werden sollte – weit effizienter als alle anderen Landesherren. Das 14. Jahrhundert wurde zur klassischen Epoche des Ordensstaates. Er stieg zur weltlichen Großmacht in Nordosteuropa auf. Die Marienburg verkörperte Macht und Reichtum der Deutschritter.

Mit der neuen Rolle wuchs eine neue Gefahr für den Orden, nicht von außen sondern von innen: „Junkerhaft übermütig hatte er in den Welthändeln seine ursprüngliche Unschuld verspielt. Seine geistige Grundlage, die Gelübde der Keuschheit, der Armut und des Gehorsams waren innerlich schon gebrochen; an die Stelle der eigenen, begeisternden Kraft traten Schwärme kostspieliger und unzuverlässiger Söldner, überall müde Halbheit, nicht recht geistlich und nicht recht ritterlich ... Da sehen wir den frommen, friedlich gesinnten Hochmeister Konrad von Jungingen ... gleich einem patriarchalischen Landedelmann, von müßigen, gelangweilten Ordensbrüdern spottweis ‚Gnädige Frau Äbtissin' genannt. Es war eine tiefe Gewitterschwüle, schon zuckten Blitze in der Ferne, und ein großer, hellstrahlender Komet zog über das stille Land, den der Hofnarr, weiser wie die Gescheiten, als Zeichen der Verdammnis des Ordens deutete." (Eichendorff)

Magister Popieszny hatte mich durch die gerade beeindruckend wieder hergerichteten Fluchten des Hochmeisterpalastes in den Sommer-Remter geführt – den wohl „erhabensten Inneraum deutscher Vergangenheit". Die Deckengewölbe dieses weiten Raumes trägt ein einziger, zierlicher Granitpfeiler in seiner Mitte, von dem – noch einmal Eichendorff – „strahlengleich sich aufschwingende Gewölbegurte wie ein feuriges Heldengebet den Himmel zu stürmen scheinen". Hier hat die Ordensbaukunst ein unübertroffenes Meisterwerk hinterlassen.

Erinnerung an die Ritterlektüre der eigenen Jugend: Wicherts *Heinrich von Plauen.* Irgendwo mußte die Steinkugel in der Remterwand stecken:

„Der Stein wart geschossen in die Want, Hir sol er bleiben zu einem ewigen Pfant."

Da war das berühmte Geschoß, eingemörtelt oberhalb des Kamins. Diese polnische Kugel hatte das Ende des Ordens herbeiführen sollen – mit Hilfe eines gedungenen Verräters. Der hatte als verabredetes Zeichen, daß Hochmeister Heinrich von Plauen, mit der

Ritterschaft um sich versammelt, im Remter saß, seine rote Mütze ins Fenster gelegt. Die Kugel – so das Szenario des Anschlags – sollte den Mittelpfeiler durchschlagen. Der herabstürzende Gewölbehimmel hätte die ganze Ordensspitze unter sich begraben. Doch der historische Schuß durch das Fenster, der eigentlich Weltgeschichte machen sollte, verfehlte sein Ziel um die berühmte Haaresbreite. Eine gefällige Legende?

„Nach ballistischen Berechnungen war der Schuß so möglich. Und mit modernster Materialprüfung haben wir gerade festgestellt, daß der Mörtel um die Kugel tatsächlich aus der Zeit Heinrichs stammt", beantwortet Magister Pospieszny meine Frage. Lächelnd fügt er hinzu: „Als rechter Pole müßte ich den Fehlschuß ja bedauern. Aber als Kunsthistoriker bin ich heilfroh, daß mein Landsmann damals nicht so genau gezielt hat!"

Was war geschehen, daß den allmächtigen Ritterbund in diesem Jahr 1410 nur noch eine Steinkugelbreite vom Untergang trennte? Ein Jahrhundert zuvor, 1309, hatte sich der Orden den wichtigen Hafen Danzig samt dem angrenzenden Pommerellen einverleibt – zum Nachsehen von Polenherrscher Wladyslaw Łokietek. 10 000 Danziger sollen dabei nach einer zeitgenössische Quelle brutal getötet worden sein – keine Heiden mehr sondern Christen.

Erfolgte der Griff nach Danzig durch Vertragspolitik, Kauf und etwas militärische Nachhilfe, wobei die genannte Zahl der Toten weit übertrieben ist? Das sagen deutsche Historiker wie der Ordensexperte Hartmut Boockmann. Oder geschah alles durch Verrat, Wortbruch und ein unbestreitbares Blutbad, selbst wenn die Zahl der Opfer vielleicht geringer war als 10 000? So sehen es die Polen. „Mit der Brutalität der widerrechtlichen Annexion eines christlichen Landes", so der führende polnische Ordenshistoriker Marian Biskup, „hatte der Orden der polnischen Welt klargemacht, daß er als ein aggressives, politisches Gebilde mit äußerst weltlichen Zielen skrupellos bestrebt war, seine wirtschaftliche und politische Macht an der Ostsee zu festigen."

Darüber sind sich beide Seiten einig: Ordensstaat und Polen waren mit der Annexion Danzigs und Pommerellens Konkurrenten und Gegner geworden.

1386 war ein weiteres entscheidendes Jahr für den Orden: Jadwiga, Erbin der polnischen Krone, wurde mit Litauerfürst Jagiello verheiratet. Dieser ließ sich – stellvertretend auch gleich für sein ganzes Volk – taufen und zum Polenkönig krönen. Beide Länder waren fortan in einer Union verbunden, einer Union auch gegen den Orden. Denn der betrachtete die Litauer trotz der Taufe ihres Herrschers auch weiterhin als Heiden – nur so konnte er unter dem Vorwand der Bekehrung seine territoriale Expansion fortsetzen. Selbst das Veto des Papstes beeindruckte ihn dabei nicht.

Mit der Union stand den deutschen Rittern erstmals ein gleichwertiger Gegner gegenüber. Das zeigt sich in der historischen Schlacht bei Tannenberg 1410: Der siegesgewohnte Orden wird von Jagiellos Polen, Litauern und Tartaren vernichtend geschlagen. Trotz der Katastrophe kann Heinrich

Ein Meisterwerk der Ordensbaukunst – der Hochmeisterpalast mit seinen Ecktürmen.

von Plauen die Marienburg selber gegen jeden Ansturm verteidigen nicht zuletzt mit Unterstützung ihrer Schutzheiligen, der Jungfrau Maria. Als nämlich einer der polnischen Schützen seine Steinbüchse gegen das riesige Muttergottesbild an der St. Annenkapelle richtete, explodierte sein Gewehrlauf. „Der frevelhafte Schütze ward von Stund an blind, und Furcht und Schrecken gingen entmutigend durch das polnische Heer." Als dann auch noch der Schuß auf den Remterpfeiler sein Ziel verfehlt, reitet Jagiella unverrichteter Dinge ab – eine Seuche hatte auch noch seine Soldaten heimgesucht und obendrein war Ungarnkönig Sigismund in Südpolen eingefallen.

Doch am 6. Juni 1457 zieht Jagiellos Nachfolger, König Kasimir, mit 600 polnischen Reitern als neuer Herr in die Burg der Deutschen ein – ohne auch nur einen einzigen Schuß abgefeuert zu haben. Böhmische Söldner, denen der völlig verarmte Orden die Burg als Pfand für ausstehenden Kriegslohn überlassen mußte, hatten sie dem Polenkönig verkauft. Danziger Kaufleute hatten ihm dafür 24 000 Gulden vorgeschossen. Hochmeister Ludwig von Erlichhausen „entfloh, bitterlich weinend, bei Nacht auf einem Fischerkahn nach Königsberg... Marienburg sah keinen Meister wieder". (Eichendorff)

Für den endgültigen Sturz vom Postament der Großmacht hatten dann die eigenen Städte und der neue preußische Landadel gesorgt. Die Städte wollten nicht länger vom wachsenden Handel des Ordens ausgeschlossen sein, der Adel stieß sich an dessen Monopol auf das Getreidegeschäft. Beide ächzten unter den Kriegsfolgelasten, die der Orden auf sie abgewälzt hatte. Dieser „Preußische Bund" kündigte dem Orden 1454 den Gehorsam auf und unterstellte das Land dem polnischen König. Nach einem letzten, grausamen, dreizehnjährigen Bruderkrieg mußte der Orden 1466 den größten Teil seines Staatsgebietes an die polnische Krone abtreten. Fortan regierte sein Hochmeister in Königsberg. Nach 148 Jahren der Ritterherrschaft residierten nun in der „Burg der deutschen Burgen" 215 Jahre lang die Polenkönige, wenn sie aus Krakau nach Pommerellen kamen.

Die Schmach für den Orden sicherte – fünf Jahrhunderte im voraus – das Überleben des schwer angeschlagenen Bauwerkes nach dem Zweiten Weltkrieg. Nach 1945 hatte das völlig zerstörte Polen weit dringendere Probleme, als ausgerechnet die deutsche Zwingburg wiedererstehen zu lassen. Doch für 1957 stand der 500. Jahrestag ihrer triumphalen Besitznahme durch König Kasimir bevor: Die kleine Schar der Befürworter des Wiederaufbaus – mit dem späteren Chefkonservator Maciej Kilarski an der Spitze – hatte damit einen Vorwand, die zum Abriß entschlossenen Warschauer Parteioberen bei ihrer nationalen Ehre zu packen. Zu diesem Jubiläum der „Wiedervereinigung mit dem Mutterland" sollte die Burg als „polnisches Königsschloß" wiedererstehen. Daß die roten Ziegel an der Nogat dann polnisch sprechen würden, überzeugte in Warschau. Die Gelder für die Rettung flossen um so reichlicher.

„Wir mußten die Burg dann auch besonders von den deutschen Zutaten des 19. Jahrhunderts ‚reinigen'. Wir haben diese durch Formen aus den polnischen Jahrhunderten ersetzt, einfach übertüncht oder weggelassen“, räumte Maciej Kilarski vor seinen deutschen Kollegen beim Marienburger Treffen im Frühjahr 1991 ein.

Die unerwünschten „deutschen Zutaten“ stammten von dem genialen Baumeister Conrad Steinbrecht, der von 1882 an für fast 40 Jahre die gründliche Wiederherstellung der jammervoll verfallenen Burg geleitet hatte. Dieser Verfall hatte schon im 17. Jahrhundert eingesetzt und war dann rasch fortgeschritten, als zunftlose Handwerker, Krämer und Kätner die Burg immer mehr in ein Quartier der kleinen Leute verwandelten und die Kellergewölbe meterhoch mit ihrem Unrat füllten.

Die Situation wurde auch nicht besser, als die Burg 1771 durch die 1. Polnische Teilung wieder an Preußen fiel. Das Hochschloß wurde zur Kaserne, in „Meisters Großem Remter“, wo einst Kaiser und Könige getafelt hatten, ließ man Grenadiere exerzieren. Im baufälligen Hochmeisterpalast klapperten die Webstühle einer Manufaktur, in den Sommer-Remter hatte man Wohnungen für zehn Weberfamilien gebaut. Schließlich unterschrieb König Friedrich Wilhelm III. einen Vorschlag vom Oberbaurat Gilly, die ganze Burg abzutragen und aus den Ziegeln ein modernes Magazin zu bauen. Man begann mit dem Abriß.

Daß dieses erste Todesurteil für die geschundene Burg dennoch nicht vollstreckt wurde, lag an der Knauserigkeit des Königs, der noch nachträglich vor den ungeheuren Abbruchkosten zurückschreckte, und an Gillys Sohn, dem Architekten Friedrich Gilly, der durch eine Serie von eindrucksvollen Zeichnungen des verfallenen Prachtbaus die Öffentlichkeit gegen den Abbruch mobilisierte. Als der junge Dichter Max von Schenkendorf dann in einer Berliner Zeitschrift die „Zerstörungssucht in Preußen“ scharf anprangerte, befahl der König 1804 die Wiederherstellung der Burg. Doch erst 1817, nach den Befreiungskriegen, konnte man ans Werk gehen – allein zwei Jahre brauchte man, um 48 000 Wagenladungen Schutt, Unrat und Moder abzufahren, die sich in den Kellergewölben und auf den Höfen angesammelt hatten.

Unter Conrad Steinbrecht begann dann 1882 die zweite Aufbauphase. Daß er sich in romantischem Überschwang verleiten ließ, mittelalterliche Elemente nach eigener Vorstellung nachzubilden, das Vorhandene nach einem Idealbild baulich zu ergänzen und zeitgenössische Ausstattung nach Gutdünken hinzuzufügen, hat ihm bei nachfolgenden Konservatoren-Generationen erhebliche Kritik eingetragen. Doch Kilarskis Weisung aus Warschau, Steinbrechts „deutsches“ Beiwerk durch „polnisches“ zu ersetzen, dürfte wohl kaum der Sorge um die konservatorische Wahrhaftigkeit entsprungen sein – sie hatte allein nationalpolitische Zielsetzung.

„Wir sind jetzt eifrig dabei, die Hinterlassenschaften unserer Kollegen aus den sechziger Jahren wieder zu tilgen, die ihrerseits die Hinterlassenschaften der deutschen Kollegen aus dem letzten Jahrhundert getilgt hatten“, erläuterte mir Magister Pospieszny. Er zeigte mir Ultraviolettaufnahmen der Gewölbedecken und der Wände des Sommer- und Winterremters. „Mit ihrer Hilfe haben wir unter der weißen Übertünchung die Überreste der einstigen Ausmalung wieder hervorgeholt – auch die Fragmente deut-

scher Inschriften und der berühmten Ahnengalerie der Hochmeister."
Was ist im urtümlichen Sinne noch echt an der Marienburg, was noch steinerne Urkunde, originalgetreues Dokument? Wichtiger als der Expertendisput über diese Frage war den versammelten Konservatoren das von polnischer Seite gesuchte Bekenntnis zu gemeinsamer Verantwortung. Der aus Warschau angereiste Generalkonservator Tadeusz Zielniewicz brachte es auf die Formel: „Unsere gemeinsame Aufgabe ist es, das Vergessene wieder in das Gedächtnis beider Völker zurückzurufen und uns um den Schutz des gemeinsamen kulturellen Erbes der Deutschen und der Polen zu bemühen. Das gilt nicht nur für ein symbolisch so wichtiges Bauwerk wie die Marienburg. Zu diesem Erbe gehören auch andere Schlösser und Parkanlagen, aber genauso die verwüsteten deutschen Friedhöfe in den West- und Nordgebieten Polens."
Eichendorff hatte den Versammlungssaal der Konventsbrüder, „Meisters Großen Remter", als einen „Aufenthalt von unbeschreiblich milder Heiterkeit, wo alles Gemeine sein Recht verliert" empfunden. Und Kunstexperte Niels von Holst hatte geschwärmt: „Auf drei schlanken Granitpfeilern steigen fontänengleich aus der Saalmitte die Sternengewölbe auf, leicht und flutend umgibt uns der Raum." Diesen riesigen und doch so lichten Saal, der zu den architektonischen Kleinodien der Gotik gehört, hatte der letzte Krieg verschont. Dennoch ist seine Existenz überraschend bedroht. Bei seiner Rettung könnte sich der Geist der neuen Gemeinsamkeit erstmals konkret bewähren.
Denn dem Remter droht Gefahr durch gefräßige Mikrophyten. Regulierungen der Nogat haben den Grundwasserspiegel gesenkt. Das verschaffte den Bakterien den Zugang zu den hölzernen Pfählen, die – in den Morast des Flußufers gerammt – die Westwand des Remters tragen. Die Folge des Befalls: Die zum Fluß zeigende Längswand beginnt bedrohlich abzusacken und wegzudriften. Armdicke Risse klaffen bereits in den Querwänden – sie wachsen in jedem Monat um drei Millimeter. Durch ihre Auflage auf der Wand sind die Deckengewölbe besonders gefährdet. Um sie vor dem Absturz zu bewahren, hat man sie an der Uferseite des Saales durch ein Gewirr von Balken, Stempeln und Streben abgestützt. Die zarte, anfällige Gewölbekonstruktion hatte ohnehin schon durch die schweren Wasserschäden bei den beiden Großbränden 1959 stark gelitten.
Ende 1991 erhielt die schwedische Firma Skånska Teknik AB den Auftrag, die gefährdete Wand durch eine Betonkonstruktion abzufangen. Bei der Vorbereitung zeigte sich, daß das alte Mauerwerk wesentlich mürber ist, als man erwartet hatte. So muß man zunächst in langwieriger Arbeit die Wand in sich festigen, damit sie den notwendigen Verspannungen mit der sichernden Betonbrücke beiderseits ihres Fußes standhält.
„Dieses Verfahren bannt die Einsturzgefahr nur vorübergehend. Um die Sanierung der ursprünglichen Fundamentkonstruktion kommt man nicht herum. Man steht da unter ungeheurem Zeitdruck", urteilt der Karlsruher Statikfachmann Professor Gerd Gude-

Kreuzritter in Bronze – Statuen der Hochmeister im Hof der Marienburg.

hus, den die Polen als den führenden Experten für die Standfestigkeit von Bauwerken zu Rate gezogen haben. „Die ganze Gründungskonstruktion mit ihren 6000 mächtigen Pfählen ist für sich schon ein einzigartiges technisches Denkmal, für das ich nichts Vergleichbares kenne. Davon müssen wir bewahren, was immer zu erhalten ist."

Nach einem schwedischen Verfahren – so der Karlsruher Experte – könnte man die bereits aktiven Mikroorganismen mit einem Spezialpräparat abtöten und einkapseln. Die schon befallenen Pfahlköpfe könnte man so konservieren. Danach ginge es an die eigentliche Sicherung: Eine Art Trog um die gesamte Holzkonstruktion müßte mit einer bodenartigen Dichtungsmasse aufgefüllt werden. Die gesamten Arbeiten müßten wie beim Bergbau aus Schächten unter Tage erfolgen. Erfahrene polnische Mineure für solche Arbeiten stünden zur Verfügung. Die erforderliche Stabilität des Bodens erreiche man durch partielles, zeitweises Frosten der Erde im Baubereich – so Gudehus.

Deutsche Fachleute gehen davon aus, daß das Absacken der Wand den Eingeweihten schon länger bekannt war, daß es aber in kommunistischer Zeit einfach verschwiegen wurde. Als man beim Marienburger Treffen um deutsche Hilfe warb, war es, so Professor Gudehus, schon später als fünf vor zwölf. Die deutschen Konservatoren sagten ihre schnelle Unterstützung zu und mobilisierten Bonn für das symbolträchtige deutsch-polnische Gemeinschaftswerk. Doch die Mühlen der polnischen Bürokratie arbeiten langsam. Ende des Jahres 1991 war von den erforderlichen Unterlagen für den Kooperationsvertrag noch nichts in Sicht.

Für den Bau des mächtigen Festungswerkes wurden fast fünf Millionen Ziegel gebraucht. Der Innenbereich der Burg gleicht einer mittelalterlichen Stadt.

Ein letzter Zipfel vom Paradies

Die Störche heißen heute Wojtek. Ohne Flügelschlag segeln sie ihre weiten Runden am masurischen Himmel, getragen vom thermischen Aufwind des heißen Sommertages. Sie stolzieren über die morastigen Wiesen, Einzelgänger, in gemessener Würde, mit blitzschnellen Schnabelstößen nach flüchtenden Fröschen zielend. Hinter Mähmaschinen ganze Scharen: 18 Störche zähle ich neben der Straße nach Olsztyn (Allenstein) als eifrige Kostgänger hinter einer einzigen Maschine.

„Kle, kle, boćku, witaj nam bocianie", singen die Kinder heute in den Dörfern, wenn die Störche von ihrer Winterreise in die Grasländer von Simbabwe und Natal zurückkehren in die masurischen Nester – „Klapper, klapper, Störchlein, grüß uns den Storch"! Früher hieß der Storch hier Adebar, – was eigentlich Adalbert war, wie das polnische Wojtek Adalbert ist. Und die Kinder sangen ihr „Storch, Storch, bester, bring uns eine Schwester". Oder sie bestellten bei dem Klappervogel einen Bruder aus dem Poggenteich. Rund 60 000 Störche habe die Vogelwarte Rossitten für Ostpreußen gezählt, las ich in einer Touristenbroschüre aus unseliger brauner Zeit. Als „Haustier" Ostpreußens sei der Vogel symbolhaft: „Unsere Geburtenziffer lag immer weit über dem Reichsdurchschnitt. Und darin sieht Preußen seinen stolzesten Beitrag, daß es berufen sein darf, dem deutschen Volk gesunde, starke Menschen zu schenken." Schließlich brauchte jener Führer, der sich mit seiner „Wolfsschanze" ausgerechnet in die Wälder Masurens einbetoniert hatte, gesundes, starkes Kanonenfutter! Als das Tausendjährige Reich ziemlich vorzeitig endete, teilten die Störche in Ostpreußen wie kein anderer Vogel die Katastrophe mit den Menschen. Viele fanden ihre Horste samt den Menschenbauten darunter zerstört, als sie in jenem April 1945 aus dem Süden heimkehrten. Andere Nester blieben unbewohnt. Arno Surminski erinnert sich: „Die Menschen waren fortgegangen, und die Störche wollten nicht mehr in den verlassenen Dörfern leben, sie zogen weiter in wohnlichere Gegenden."

Doch sie kehrten zurück in ihr versumpftes Froschparadies, das ihnen die neuen Bewohner ohne viele Eingriffe in die Natur überließen, auch ohne viel Melioration von Feuchtgebieten und ohne allzuviel Pestizide, bis heute. Denn für eine intensive Nutzung hat man hier weder Geld noch viel Sinn. Ein reich gedeckter Tisch für Wojtek also, und so nisten noch 13 000 Paare auf den roten Pfannendächern des Ermlandes und Masurens. Allein 13 Nester konnte ich auf einem einzigen Gutshof nahe der heutigen russischen Grenze zählen. In den alten Ländern der Bundesrepublik zusammen waren 1991 nicht einmal 600 Paare übrig.

Masuren – ein letzter, winziger Zipfel vom Paradies, den der „Fortschritt" mangels ökonomischer Relevanz einfach übersehen hat – wenn wohl auch nur auf Zeit: Er zeigt sich noch recht unverdorben und wie aus einem alten Bilderbuch, wenn man von Süden her einfährt, von Nidzica (Neidenburg), und weiter über Szczytno, das alte Ortelsburg. Ostwärts, in die Stille und die Einsamkeit der Puszcza Piska, der Johannisburger Heide, die zur Ordenszeit als die „Große Wildnis" Grenzsicherheitsgürtel gegen die Polen und die Litauer war.

„Viele Landstraßen führen nach Ortelsburg

oder von Ortelsburg weg. Es sind Alleen alter Bäume, Traumpfade, Wälder und Seen aus dem Märchen – jetzt für mich", bilanzierte Wolfgang Köppen aus dem Abstand des Fünfundachtzigjährigen in der Rückschau auf die Jugendjahre in Masuren. „Ortelsburg war klein und ländlich. An heißen Sommertagen drängte es die Familien in den Wald. Auf Leiterwagen, die zur Einholung der Ernte dienten, von Pferden gezogen, fuhren sie in den Korpeller Forst. Sie sangen Heimatlieder von Liebe und Leid, von Wanderschaft und Heldentod. Es waren deutsche Lieder gewesen, und dann waren es polnische Lieder geworden, von gleicher Sentimentalität der Gefühle. Der Gesang war mir zu laut. Die Natur blieb still vor dem Sturm. Ein Tierparadies. Vergessen das Unglück mit Adam und Eva."

Ein vergessener Rest von diesem Paradies. Die Urlandschaft der Krutinna ist eine solche irdische Randwelt: Der verwunschene Fluß, dessen Quelle niemand kennt, der, aus dem schwarzen Moorwasser des Muckersees kommend, nach kurzem Lauf im Masurischen Meer aufgeht, im Spirdingsee, den man Jezioro Śniardwy getauft hat. Ständig unentschlossen, welcher Richtung er folgen soll, windet sich der breite Fluß von See zu See, unter grünen Gewölben überhängender Urwaldbäume, durch sumpfige Schilfwälder und Wiesenniederungen.

„Wenn wir Glück haben, zeigt sich der Fischotter", hatte uns Krystyna gesagt, als sie uns – am Heck des flachen Kahnes stehend – durch die verwunschene Flußwelt stakte. Aber der Otter tat uns den Gefallen nicht – vielleicht hatte ihn die Armada der Kähne mit den deutschen Bustouristen für den Rest des Tages vergrämt. Ein- bis zweimal am Tag kommen die Busse sommers nach Krutyn (Krutinnen), und Krystyna und ein Dutzend Männer des Dorfes staken deren Passagiere für ein geringes Entgelt durch Heimweh und nostalgisches Erinnern: Weißt du noch, damals, im Paddelboot von Sorquitten nach ...? Der Otter zeigte sich nicht, auch als die Busse längst wieder davon waren, und auch der Eisvogel hielt sich verborgen. Wir sahen die Blaue Azurjungfer mit ihren schwirrenden Flügeln über dem Fluß verharren, sahen die gestreiften Barsche im glasklaren Wasser stromabwärts ziehen, sahen die roten Blutsteine auf dem Grund der Krutinna. „Ein Hotel müßte her, daß die Leute Arbeit haben im Dorf. Es jibt doch sonst nuscht hier in der Jejend", sagte Krystyna im schönsten breiten Ostpreußisch („Ich bin doch 'ne alte Deutsche!"). Interessenten seien wohl schon dagewesen, mit großen, deutschen Autos, mit irgendwelchen Plänen. Aber jetzt habe man ja das Riesenhotel drüben in Mikołajki (Nikoleiken) gebaut, weit mehr als 100 Betten. Da bliebe wohl für Krutyn nichts mehr übrig.

Ein paar Kilometer stromabwärts, wo der Fluß aus dem Wald tritt und sich vorübergehend mit dem Duß-See vereint, ein Stück vom alten Mütterchen Rußland: fremdartige Holzhäuschen, ein Kirchlein dazwischen – Ikonen, russische Gebete und Gesänge. Am Seeufer ein bescheidenes Kloster mit zwei betagten Nonnen – die Grabkreuze auf seinem Friedhof tragen die drei Querbalken der Altgläubigen.

Wojnowo (Eckertsdorf) ist eines der elf Dörfer, die sich russische Glaubensflüchtlinge in die masurische Wildnis gebaut hatten. Preußenkönig Friedrich Wilhelm III. hatte diese in ihrer Heimat verfolgten „Filipponen" 1830 ins Land kommen lassen – er brauchte fleißige Waldarbeiter. Er gewährte ihnen die freie Religionsausübung „auf unbebautem, unkultiviertem Boden in der Krutinner und Nikoleiker Forst". Vor allem in Eckertsdorf blieben sie als geschlossene Gemeinde bei ihrem archaischen Glauben – bis Mitte der fünfziger Jahre.

„Ich bin jetzt 88 Jahre alt. Mein Mann war Soldat bei den Deutschen, in beiden Kriegen. Wir sind doch deutsch", seufzte Paulina Kusmierz in ihrem winzigen Blockhaus. „1945 sind fast alle aus dem Dorf geflüchtet. Aber sie kamen zurück, weil kein Durchkommen mehr war. Ich war geblieben, meine Schwiegermutter lag im Sterben. Es war so furchtbar, als die Russen kamen!" Einer der Makarowski-Söhne hatte die einstigen Landsleute auf russisch begrüßt, mit der roten Fahne. Aber sie hatten ihn auf der Stelle erschossen, weil er als „Russe" dem deutschen Feind gedient hatte.

Heute lebt nur noch ein halbes Dutzend filipponischer Familien im Dorf. Die anderen sind „ausgereist" – nach Deutschland. „Meine Schwester habe ich im letzten Sommer zum ersten Mal wiedergesehen – nach 42 Jahren! Wir waren ganz befremdet, wir haben uns gar nicht mehr erkannt", erzählt die alte Frau mit Tränen in der Stimme. „Jetzt kommen ja viele auf Besuch zurück, mit schönen Autos. Sie lassen ihre Kinder hier taufen, mit Wasser aus der Krutinna, wie früher, ganz untergetaucht!"

Bei all ihrer Fömmigkeit scheinen es die Altgläubigen mit den weltlichen Geboten nicht allzu genau genommen zu haben. Bei Ernst Wiechert liest man von den „russischen Wilddieben aus den Filipponendörfern". Als Sohn eines Försters im nahen Kleinort wußte er um die nächtlichen Aktivitäten der Eckertsdorfer, Fedorswalder oder Iwanowener Männer.

Wie kein anderer hat Wiechert den masurischen Wäldern literarische Denkmale gesetzt. Der Wald seiner Kindheit und Jugend hatte ihn zum Grübeln und Fabulieren gebracht – er hatte ihn zum Dichter werden lassen. „Wenn ein Dichter jemand ist, der lange und schweigend sammelt, bevor er seine Ernte beginnt, so mag ich wohl dort und in jenen Zeiten ein Dichter geworden sein. Der Adler hatte daran teil und das Waldhorn, die roten Wolken über dem Moor und der bittere Geruch der Wälder."

Wiechert hatte in diesen Wäldern mit ihrer Großartigkeit und Einsamkeit, ihrer Schwermut und ihren Mythen seine Wurzeln, von denen er sich zeitlebens nicht gelöst hat: „Weil ich als Kind die Wälder schweigen und wachsen sah, konnte ich immer ein stilles Lächeln für das aufgeregte Treiben haben, mit dem die Menschen ihre vergänglichen Häuser bauten. Es war, als trüge ich andere Gesetze und Maßstäbe in mir, größere und strengere."

Bei Piecki (Peitschendorf) zweigt die Straße ab, ein paar Kilometer durch den Wald sind es nach Piersławek. *Das einfache Leben,*

Der heimliche Wappenvogel Ostpreußens – nirgendwo anders gibt es noch so viele Störche.

Seite 34/35: Die liebliche Kruttinna – Masurens verwunschener Fluß.

Die Jerominkinder, *Die Magd des Jürgen Doskocil* – hier haben Wiecherts Romane aus dem harten, eintönigen, kärglichen und dennoch erfüllten Leben in den masurischen Dörfern ihren Ursprung. Denn Piersławek ist Kleinort, die Försterei in der Waldeinsamkeit, in der Wiechert 1887 geboren wurde und wo er aufwuchs. „Es war aus roten Ziegeln gebaut, mit einem roten Pfannendach und erwies sich von fern als Erzeugnis fiskalischer Ordnung und Dauerhaftigkeit", schrieb Wiechert über sein Elternhaus.

Diese Beschreibung hätte von heute stammen können, und die Jerominkinder waren da, als das Haus vor mir lag, eine ganze Schar auf dem Hof, barfüßig, semmelblond und rotznäsig – nur ihre allzu aufdringliche Forderung nach „gumma", Kaugummi, wirkte befremdlich anachronistisch. Auch das einfache Leben war da, Stall und Scheune, scharrendes Federvieh, ein alter Mann, auf den Staketenzaun gelehnt, eine Frau, auf der Haustreppe sitzend.

Der Alte hielt mir eine abgegriffene Kladde entgegen, mit der aufgeschlagenen ersten Seite. Auf ihr wünschte Rainer Barzel dem Forsthaus eine Zukunft als Wiechert-Gedenkstätte. Der Mann erwartete ein Trinkgeld, und die Frau auf der Treppe sah teilnahmslos zu, wie die Kinderschar versuchte, eigenmächtig meine Autotüren zu öffnen – die Jerominkinder waren es dann wohl doch nicht.

Eine schon mit Patina versehene Bronzetafel an der Hauswand würdigt Wiechert in polnisch „als rechtschaffenen Menschen, Antifaschisten und ehemaligen Häftling im KZ Buchenwald". Diese ideologisch verengte Sichtweise einer vergangenen Epoche werde dem Dichter nicht gerecht, meint die Gesellschaft der polnischen Wiechert-Freunde, die gerade bei den heutigen Bewohnern Ostpreußens regen Zulauf hat. Sie möchte ein Museum aus dem kleinen Forsthaus machen – ähnliche Pläne wurden auch von anderen Vereinigungen erwogen. Doch bisher fehlte allen noch das Geld.

Dieses Piersławek lädt noch nicht zum Verweilen ein. Und so suche ich schnell wieder den Weg in Wiecherts Waldeinsamkeit. Auf sandigen Nebenwegen durchkreuze ich ohne Plan das grüne Meer der Puszcza Piska. Oft enden die Wege vor einsamen Höfen – auch vor verlassenen – oder an Seeufern. Immer wieder Seen, Schilfbuchten, Landzungen, Inseln; der Herrgott hat wahrlich nicht mit Wasser gespart bei diesem südlichen Zipfel von Masuren. Hier sind die Seen nicht nur Augen einer Landschaft, schreibt Konrad Weiss, sondern „ein ganzes Gesicht, das einsam ist und mit seiner Landschaft unter dem Himmel dahinliegt". Eine gleichbleibende Landschaft, wie Variationen eines Volksliedes. Flüsse und Kanäle verbinden die Seen zu schiffbaren Systemen. Die weißen Ausflugsdampfer legen zwischen Pisz (Johannisburg) und Węgorzewo (Angerburg) fast 100 Kilometer zurück. Oft scheint es von außen, als glitten sie auf Rädern durch die Wiesen und Kornfelder.

Bei Mikołajki entläßt uns die Johannisburger Heide aus ihren sandigen und sumpfigen Wäldern in fruchtbare Getreideäcker und Weideland. An der Stadtbrücke angekettet noch immer der schwimmende Stinthengst mit der goldenen Krone. In der Johannisnacht wird er noch in jedem Jahr feierlich an seinen angestammten Platz gebracht. Als

Bei Touristen aus Deutschland besonders beliebt – die Bootsfahrt auf der Kruttinna.

dieser König der Fische in grauer Vorzeit gefangen wurde, erzählt die Sage, versprach er den Fischern für immer volle Netze, wenn sie ihn am Leben ließen. Die Nikolaiker gingen auf den Handel ein. Sie verschonten ihn, doch legten sie ihn listig, damit er sich nicht heimlich davon mache, für alle Zeiten an die Kette. Zähneknirschend – wenn so etwas bei einem Fisch möglich ist – füllte er fortan ihre Netze reichlich mit Brassen und Kaulbarschen, mit Aalen und Hechten und Plötzen, mit Schleien, Zandern und jenen berühmten Maränen, die irgendwelche Eiszeiten als Süßwasser-Vettern der Meereslachse in den masurischen Seen vergaßen. Doch mittlerweile scheint der hintergangene Stinthengst späte Rache zu nehmen. Alarmierende Klagen über abnehmende Fänge häufen sich.

Der See lag morgendlich bleich unter milchigen Nebelschwaden, als wir bei Tagesanbruch mit Fischmeister Jacek Tyszecki und zwei anderen Fischern auf das Masurische Meer hinausfuhren. Während die Sonne noch recht müde über den Horizont schaute, begannen die beiden Helfer vom Beiboot aus die Stellnetze vom Vortage aus dem Wasser zu ziehen. „Wir sind 80 Fischer und 60 weitere Mitarbeiter in der Kooperative – für 2500 Hektar Seen“, berichtete Tyszecki. „Eigentlich sollte jetzt ja alles privatisiert werden. Aber wer von uns hat denn schon Geld für ein eigenes Boot, für Netze, für Treibstoff? Und wo lassen wir unsere Fänge? Nein, jetzt bekommen wir unser Geld automatisch und haben auch noch Anspruch auf Urlaub. Die meisten sind doch froh, wenn sie sich um nichts kümmern müssen, jetzt, wo es überall Schwierigkeiten gibt!"

Viele der masurischen Seen, die sich so paradiesisch zeigen, sind krank, viele liegen im Sterben. Kaum ein Gewässer ist nach den Angaben der Woiwodschaftsverwaltung in Olsztyn noch in die Reinheitsklasse I einzustufen. Weit mehr als die Hälfte der gesamten Seenfläche ist auf der Gewässergütekarte bereits schwarz markiert – nur noch Klasse III und schlechter. Und der Gesundheitszustand verschlimmert sich rapide. „Man kann auf Satellitenfotos verfolgen, wie sich die Verschmutzung unserer Seen immer weiter nach Süden vorschiebt, von Giżycko (Lötzen) und Mikołajki – wo es schon Badeverbot gibt – zu auf Pisz. Aus dem Talty-See sind die Maränen praktisch schon verschwunden. Aber auch hier, im Śniardwy, unserem Meer, fangen wir immer weniger", klagte Tyszecki. Die Ausbeute der vierstündigen Plackerei an diesem Morgen war in der Tat eher kärglich.

„Bei uns ist nicht die Industrie der große Sünder – davon haben wir hier oben nur wenig", erfahre ich später an zuständiger Stelle in Olsztyn. „Aber viele kleine Städte wie Gorowo (Landsberg) oder Reszel (Rößel) haben noch immer keine Kläranlagen. In anderen Städten sind die Anlagen veraltet und unzureichend – nehmen Sie nur Morąg (Mohrungen) oder Lidzbark Warminski (Heilsberg). Sie können sich vorstellen, was da in unsere Flüsse und Seen fließt! Auch die Heerscharen von Touristen leisten fleißig Sterbehilfe für die Seen – ein Drittel aller Ferienanlagen läßt seine Abwässer ungereinigt in die Natur laufen. Wir brauchen da dringend Hilfe aus dem Westen, wenn wir die Katastrophe verhindern wollen." Geld zum Beispiel aus großzügig erlassenen Auslandsschulden, sehr viel Geld.

„Aber die gefährlichste ökologische Zeitbombe für unsere Seen hier und für das Grundwasser sind die riesigen Staatsgüter mit Tausenden von Kühen und Schweinen. Was da mit der Gülle an Schadstoffen in den Boden und die Gewässer gelangt, geht über jedes verträgliche Maß hinaus. Den Kalwensee, den Maranensee oder den Großen Schobensee hat die Gülle schon sterben lassen. Gott sei Dank, muß man fast sagen, geht es den Großbetrieben unter den neuen Bedingungen der freien Wirtschaft so schlecht, daß sie bei Kunstdüngern und Pestiziden kräftig sparen müssen. Die kamen früher noch als zusätzliche Belastung der Ökologie obendrauf!"

Noch sei Polen nicht verloren und die einzigartige masurische Natur auch nicht, meint Krzysztof Wolfram. Noch könne man das Steuer herumwerfen. Man müsse sich nur etwas einfallen lassen. Wolfram, Leiter der Forstdirektion in der benachbarten Woiwodschaft Białystok, hat sich etwas einfallen lassen: das Projekt „Grüne Lunge Polens". Die Idee hatte er 1985 als eine Vision in der Verbandszeitschrift der polnischen Naturschutzliga veröffentlicht – Ende 1990 wurde die Vision offizielles Programm. Es wurde von der Regierung in Warschau und den fünf Woiwoden der beteiligten Regionen Nordpolens abgesegnet und zur Grundlage der

Ein Stück von Mütterchen Rußland – Filipponen-Haus in Wojnowo, dem ehemaligen Eckertsdorf.

künftigen Regionalpolitik gemacht. Zu den fünf Regionen gehört als eine der wichtigsten die Woiwodschaft Olsztyn. „Wir tragen die Verantwortung für ein einzigartiges ökologisches Welterbe, wie man es nirgendwo anders mehr findet", eifert Wolfram vor deutschen Besuchern. „Seht nur diesen Tempel der Natur!"

Südpolen, über das sich der schwefelige Giftmantel aus seinen Fabrikschornsteinen gelegt hat, steht vor der ökologischen Katastrophe. Im industriearmen Nordosten dagegen ist die Umwelt noch ziemlich heil – sieht man von den geschundenen Seen ab. Die Luft ist extrem rein. Die Wälder – vom Sauren Regen weitgehend verschont – sind noch Lebensraum für eine in Europa einzigartige Vielfalt von Pflanzen und Tieren, darunter auch viele von der Roten Liste der gefährdeten Arten.

Diese grüne Zone, so das GLP-Projekt, soll künftig dafür sorgen, daß dem ganzen Land der Atem nicht ausgeht. Sie deckt ein Sechstel der polnischen Landkarte – die Fläche Niedersachsens. In ihr sollen die Naturschutzgebiete erweitert und miteinander „vernetzt" werden. Die Regionen dazwischen sollen nicht mehr naturfeindlich genutzt werden. Gleichzeitig will man mit dem ehrgeizigen Projekt die Wirtschaft der

Gesamtregion auf neue, umweltverträgliche Bahnen bringen. Neue Industrien sollen nur noch bei „sanfter Technologie" angesiedelt werden, die Landwirtschaft soll sich auf biologischen Anbau umstellen, der Fremdenverkehr soll ausgebaut werden – als Öko- und Gesundheitstourismus in kleinen, neuen Einrichtungen über das ganze Land verteilt. „Wir sind nicht fortschrittsfeindlich, wie es uns unsere Kritiker vorwerfen. Aber wir wollen einen Fortschritt, der das unersetzliche Kapital ‚Natur' bewahrt. Wir wollen viel neue Arbeit anbieten, die umweltverträglich ist. Zum Beispiel in der Landwirtschaft, wo die Bauern ihre biologisch erzeugten Produkte zum Exportschlager machen könnten. Wir müssen nur überzeugen, daß es auch anders geht", sagt Wolfram.

Wie schwierig das sei, zeige sich dort, wo ausländische Investoren mit reichlich Geld und der Aussicht auf viele neue Arbeitsplätze lockten. Ein 700-Betten-Hotel mit Golfplatz und Heliport auf der idyllischen Spirdingwerder-Insel, mitten im Naturschutzgebiet, habe man in letzter Minute verhindern können. Das habe allerdings 200 neue Arbeitsplätze gekostet. Bei den Bauern, hofft Wolfram, könnte sich das Problem des Widerstands gegen das GLP-Projekt eines Tages von selber erledigen – durch die anhaltende Landflucht. Spätestens in 20 Jahren seien die kleinen, unrentablen Höfe ohnehin alle verwaist.

Eine Hundertschaft von Wissenschaftlern, Praktikern und Politikern hat Ende 1990 in Olsztyn einen dicken Katalog von Einzelmaßnahmen für das Mammutprojekt vorgelegt. Pläne gibt es genug – nur fehlt für die ökologische Umrüstung einer ganzen Region das Wichtigste: das Geld. Ohne großzügige, finanzielle Hilfe des Westens dürfte der Grünen Lunge Polens das neue Durchatmen schwerfallen.

Das Bäumemeer der südlichen Wildnis bleibt hinter uns zurück. Das Land wird offener, gelassener, anmutiger. Die Jahrtausende haben die Aufschüttungen und Ausfurchungen der Eiszeiten zu sanften, buckeligen Wellen abgeschliffen – eine fortschwingende Melodie, befand Konrad Weiss: „See und Land scheint sich in der gleichen Melodie fortzusetzen, und diese ist die einer Hirtenflöte, welche nichts Himmelstürmendes hat, sondern nur ihren eigenen Ort rein und ganz durchtönt und erfüllt."

Weite Felder neben der Straße. Schwerbeladene Pferdewagen, Pferde vor dem Pflug, zweispännig, einspännig, schweißdampfend – Pferde leisten in Masuren noch immer Schwerarbeit. Der Orden hatte die kräftigen Kaltblüter ins Land gebracht – seine schweren Streitrösser für die gepanzerten Ritter, die – samt Rüstung und Waffen – ihre drei Zentner in den Sattel brachten. Um diese Pferde nicht schon vor dem Schlachtengetümmel zu ermüden, hatte man für die Reise noch leichtere Reitpferde – häufig Paßgänger – dabei.

Die Marschleistungen dieser Rittertruppen waren mit 50 bis 65 Kilometern pro Tag imponierend. So war König Ottokar von Böhmen zu der legendären Preußenfahrt des Winters 1254/55 an die Samlandküste erst am 27. Dezember in Breslau aufgebrochen.

Das Weiß der Birken sorgt für Kontraste im „Land der dunklen Wälder".

Er eroberte die Pruzzenburg Tuwangste für den Orden, der dort die Stadt Königsberg gründete. Und trotz der ungünstigen winterlichen Reisezeit war Ottokar am 6. Februar schon wieder daheim in Troppau. In seiner Blütezeit hielt der Orden in Preußen an die 7000 Streitrösser, für deren Zucht er 30 Gestüte angelegt hatte. Aus diesen Ordenspferden wurden die späteren Ermländer, die bevorzugten Ackergäule der ostpreußischen Bauern und der Güter.

Die alten, eingesessenen Pruzzen dagegen hatten sich hier kleine, schnelle Wildpferde gezähmt, für die Jagd und die Stutenmilch, die man – mit Rinderblut vermischt – zum berauschenden Getränk vergor. Diese „Pruzzenschweiken" lieferten das Blut, mit dem Jahrhunderte später die weltberühmte Ostpreußenrasse mit dem Elchschaufelbrand gezüchtet wurde – die Trakehner, die man als Remonten für die preußische Kavallerie brauchte. Durch Einkreuzen von englischen Vollblütern und Arabern wurde die Zucht dieser Trakehner, die sich auch vor dem Pflug, als Kutschpferde und im Turniersport bewährten, laufend verbessert. Nur mit Hilfe der zuverlässigen und belastbaren Ostpreußenpferde konnten beim großen Exodus 1945 Hunderttausende der Katastrophe im Osten entfliehen.

Es ist vor allem die Ländlichkeit, die das Eigentümliche Masurens ausmacht, die Welt seiner Dörfer und einsamen Höfe, die sich nur zögerlich dem Wandel öffnet. Die Dörfer wie Burszewo mit ihren Kulissen für das

Auf dem Masurischen Meer – dem früheren Spirdingsee (J. Śniardwy).

„einfache Leben“, das ein hartes Leben ist: Kopfsteinpflaster, auf dem Hunde dösen, Dorfteiche mit Entengeschwadern und Gänseflottillen, hinter Staketenzäunen in Reih' und Glied Zwiebeln und Rote Rüben, Rittersporn und Flieder, Milchkannen und Misthaufen, Schwalbenzwitschern und Froschkonzerte – auch der Unk ist mit seinem knarrenden Baß dabei.
Streifen wir die kleinen Städte, die am Wege liegen. Die Pruzzen hatten hier ihre Fliehburgen. Der Ritterorden mauerte seine Festungen an deren Stelle, aus glatten Ziegeln, was sie bei damaliger Kriegstechnik uneinnehmbar machte – nur das Aushungern blieb den Pruzzen. Die späteren Preußenkönige verwandelten die Städte in Garnisonen – deren wilhelminische Kasernen bieten heute polnischem Militär Unterkunft.
Mrągowo – Sensburg: Allzuviel haben Krieg und Nachkriegsjahre nicht übrig gelassen vom alten Gesicht. Als ich 1974 zum ersten Mal hier war, zeigte sich der Bauernmarkt am Donnerstag mit seinen Pferdewagen, Kälbchen, Ferkeln und Federvieh noch wie ein Stück Wirklichkeit gewordene Suleyker Geschichten von Siegfried Lenz. Heute haben Autos mit kyrillischen Buchstaben auf den Nummernschildern den Platz der Pferdewagen eingenommen – der Bauernmarkt ist zum Russenmarkt geworden. Dutzende von fliegenden Händlern sind von jenseits der Grenze da. Mit billigem Ramsch aus ihrer Heimat, aber auch mit ein paar Dosen Kaviar, mit Goldringen oder Bernsteinschmuck verdienen sie sich ihre Zlotys, mit denen sie hier die Waren des täglichen Bedarfs einkaufen, die bei ihnen daheim nicht zu haben oder unerschwinglich sind. Polen ist für die russischen Nachbarn das Gelobte Land – der Goldene Westen.
Über dem Löwentinsee, den man zum Jeziorio Niegocin gemacht hat, ballt sich schwarzblau das Gewölk eines Sommergewitters. Blitze und Donner in kurzen Abständen, Sturzbäche von Regenfluten – Gewitter entladen sich über Masuren besonders heftig. Perkun dröhnt, hieß es vor dem Krieg noch bei den alten Masuren, wenn der Himmel grollte – Erinnerung an die ferne pruzzische Vergangenheit, an den finsteren, ewig zürnenden Donnergott Perkunos, auch an den ährenbekränzten Potrimpos, den Erhalter der Welt, und an Pikollos, den grimmen Herrscher des Todes. Hier waren sie zu Hause, lange auch noch, nachdem die Kreuzritter gewaltsam den Gott der Christenheit ins Land gebracht hatten.
Irgendwo auf einer Landzunge im Löwentinsee, behauptet die Sage, soll die Burg des Pruzzenführsten Ysegubs von Galinden gestanden haben. Um 1280 war der Orden auch bis in diese letzte Bastion der Pruzzen vorgedrungen. „Ex tunc terra Prussiae quievit in pace“, konnte der Ordenschronist notieren –, „von da an ruhte das Pruzzenland in Frieden“.
Etwas Ungewöhnliches geschah am Ende – ein Vorgang, der in der Geschichte ohne Beispiel ist. Die Sieger nahmen den Namen der Besiegten an: Sie nannten sich – Preußen. Hier beginnt ein weiter historischer Bogen, der gut sechseinhalb Jahrhunderte deutscher Geschichte überspannt.
Für knapp zweieinhalb Jahrhunderte hat Preußen als eigener Staat diese Geschichte entscheidend mitbestimmt. Es wurde zu einem Machtfaktor in Europa. Das offizielle

Masuren ist mit seinen Tausenden von Seen und Teichen ein Paradies für Angler.

Todesurteil für diesen Staat verkündete erst der Alliierte Kontrollrat in Deutschland bei der Liquidierung des Hitler-Reiches. „Der Staat Preußen, der seit jeher Träger des Militarismus und der Reaktion gewesen ist, hat in Wirklichkeit zu bestehen aufgehört", heißt es in der Präambel seines Gesetzes vom 25. Februar 1947. Dessen Artikel 1 bestimmte: „Der Staat Preußen, seine Zentralregierung und alle nachgeordneten Behörden werden hiermit aufgelöst." Das Ganze war nur noch ein letzter „Fußtritt, den siegreiche Esel einem toten Löwen gaben", wie der Historiker Golo Mann sarkastisch urteilte.

Vom schwierigen Umgang mit dem Erbe

Von Dorf zu Dorf die alten Alleen: grüne Blattgewölbe über dem Asphalt, Schattendächer. Bienenweide, wenn die Jahrhundertlinden sommers ihre Blüten öffnen. Oder es sind Eichendome, durch die man fährt. Kilometer um Kilometer, Baumriese an Baumriese, stattliche Symbole der Beständigkeit, der Ausdauer. Für die Pruzzen waren die Eichen Tempel für ihre Götter. Die Preußen machten sie zum deutschen Baum: Sieges-eichen, Bismarckeichen, Ritterkreuz mit Eichenlaub und Schwertern – für die Kreuze über den Soldatengräbern nahm man weicheres Holz. Man wäre anders nicht mit der Arbeit nachgekommen.

Blut ist in dieser Landschaft, die sich so gern in stiller, tiefer Friedfertigkeit zeigt, mehr vergossen worden als anderswo in Europa. Denn die Geschichte stampfte fortwährend in Soldatenstiefeln über ihre Erde – in deutschen wie in polnischen, in schwedischen und französischen der Grande Armée Napoleons und immer wieder in russischen. Auch die Hufe der Kosakenpferde und die Ketten der Panzer hinterließen blutige Spuren.

Gierłoż hieß einmal Görlitz. Mit seinem „Kurhaus“ mitten im Wald war es beliebtes Ausflugsziel für die Menschen aus der nahen Kreisstadt Rastenburg – bis im Herbst 1940 Arbeitsbrigaden der Organsation Todt für den Bau des Chemiewerkes „Askania“ den Wald umzugraben begannen. Doch was man da in Wirklichkeit baute, zeigte sich, als die endlosen Kolonnen von deutschen Soldaten am denkwürdigen 22. Juni 1941 über die Alleen Masurens in die Sowjetunion einfielen. Das Chemiewerk entpuppte sich als eine befestigte Stadt von Befehlsbunkern – die „Wolfsschanze“. Am 24. Juni zog Hitler mit seinem Troß willfähriger Helfer, seinen Görings und Ribbentrops, seinen Bormanns, Himmlers und Keitels in die Rastenburger Wälder ein. Von hier aus, hinter Sicherheitsgürteln und meterdickem Beton, dirigierte er seinen wahnwitzigen Vernichtungskrieg gegen das „slawische Untermenschentum“, der dem deutschen Volk den „Lebensraum im Osten“ bringen sollte. Der masurische Wald diente als Tarnanzug.

In seinen penibel protokollierten „Tischgesprächen“ ließ er seine Vertrauten wissen, so, wie der Ritterorden sich nicht mit Glacéhandschuhen und der Bibel durchgesetzt habe, sondern mit dem Schwert, so müßten auch „unsere nach dem Osten abkommandierten Männer als Glaubenskämpfer der nationalsozialistischen Weltanschauung unsere Volkstumsbelange notfalls mit Brachialgewalt durchsetzen“. Und düster drohte er, wenn das deutsche Volk sich nicht für seinen eigenen Fortbestand einsetze, „dann soll es verschwinden!“

Knapp 1000 Tage – mit ein paar Unterbrechungen bis zum 20. November 1944 – diente die Wolfsschanze dem Wahnsinnigen als Befehlszentrale für seine Verbrechen. Zwei Monate später, im Januar 1945, mußten deutsche Pioniere den ganzen betonierten Spuk vor der heranrückenden Roten Armee in die Luft sprengen. Das größte Völkermorden der Weltgeschichte, das 30 Millionen Menschenleben kosten sollte, stand vor seinem Ende. Über die masurischen Alleen

Seite 50/51: Die alten Linden- und Eichenalleen gehören noch immer zum Bild der masurischen Landschaft.

wälzten sich die Reste der geschlagenen deutschen Armee westwärts zusammen mit den Trecks der Zivilisten, auf der heillosen Flucht vor den russischen Panzern. „Im Schatten unserer Alleebäume ist viel gestorben und begraben worden. Alte Menschen, die nicht mehr fliehen wollten, blieben in den Gräben, auch kleine Kinder und gefallene Soldaten. Flugzeuge verstümmelten die Alleebäume mit Bomben und Bordwaffen", erinnert sich Arno Surminski an die Schreckensbilder seiner Kindheit.

Mitte der siebziger Jahre stand ich zum ersten Mal vor der Trümmerbühne, auf der symbolisch der Schlußakt des Dramas vom Tausendjährigen Reich eingeleitet worden war. Der geborstene Beton des Feldherrenhügels ließ an diesem nebligen Herbsttag an die Kulissen für die „Götterdämmerung" denken. Im Zentrum der makabren Szenerie: der Führerbunker, ein trist grauer Koloß, fensterlos – einer altägyptischen Grabstätte ähnlich, schrieb Albert Speer in seinen Erinnerungen: „In diesem Grabbau lebte, arbeitete und schlief er. Es schien, als trennten ihn die fünf Meter dicken Betonwände, die ihn umgaben, auch im übertragenen Sinne von der Außenwelt und sperrten ihn ein in seinem Wahn."

In der Nacht zum 21. Juli 1944 hatte das deutsche Volk über seine Volksempfänger aus dem Munde jenes Führers erfahren: „Eine ganz kleine Clique ehrgeiziger, gewissenloser und zugleich verbrecherisch dummer Offziere hat ein Komplott geschmiedet, um mich zu beseitigen und zugleich mit mir den Stab der deutschen Wehrmachtsführung auszurotten..." Irgendwo mußte in diesem verbunkerten Wald jene Lagebaracke gestanden haben, in die Oberst Graf Stauffenberg die Bombe gebracht hatte, bei deren Explosion der Tyrann nur knapp dem Tode entgangen war.

Doch mein damaliger sonst so beredter polnischer Fremdenführer schwieg sich beharrlich über das historische Ereignis vom 20. Juli 1944 aus. Auch der gedruckte *Informator* jener Jahre wußte nicht das Geringste von einem Attentat in der Wolfsschanze. Denn nach der offiziellen polnischen Geschichtsschreibung der Nachkriegszeit durfte es überhaupt keinen erwähnenswerten deutschen Widerstand gegen Hitler gegeben haben – wie offenbar auch keine deutschen Ortsnamen in den „wiedergewonnenen Westgebieten" existiert hatten. Diese waren für alle polnischen Publikationen mit einem strikten Bann belegt.

Mitte der achtziger Jahre war mit dem Solidarność-Tauwetter in Polen wenigstens schon die Zeit für die halbe historische Wahrheit gekommen. Die Neuauflage 1987 jenes *Informators* nannte erstmals auch die alten deutschen Namen – als Klammerzusätze hinter den polnischen. Und das Attentat in der Wolfsschanze hatte es mit einem Male doch gegeben – allerdings noch immer mit der Einschränkung, daß der Anschlag nicht etwa das Resultat eines nationalen Widerstandes gewesen sei, sondern der Versuch „einiger verschwörerischer Offiziere", angesichts der absehbaren Niederlage „das bestmögliche Ergebnis des verlorenen Krieges zu erwirken". Und noch ganz im alten Geist behauptete der Verfasser der halbherzigen Korrektur, die westdeutsche Geschichtsschreibung bezeichne diese Verschwörung oft als Verrat.

Im Sommer 1990 hatte ich mich einer deutschen Besuchergruppe angeschlossen, die Jerzy Szynkowski durch die Trümmer der Wolfsschanze führte. Der junge Geschichtslehrer, der sich ein Zubrot als Fremdenführer verdiente, schilderte die historischen Vorgänge mit objektiver Sachlichkeit – frei von allen früheren ideologischen Verdrehungen und ohne die einstigen nationalistischen Scheuklappen. Ausführlich würdigte er in jenem Waldstück, in dem die Lagebaracke gestanden hatte, die mutige Tat Stauffenbergs. In einem deutschsprachigen Wolfsschanzenführer, den Szynkowski 1990 geschrieben hat, füllt die Schilderung des Attentats, seiner Hintergründe und seiner Folgen ein Viertel aller Seiten.

„Wer Geschichte schreiben will, habe das Herz, die Wahrheit nackt zu zeigen", hatte der große Denker Johann Gottfried Herder aus dem nahen Mohrungen (Morąg) vor 200 Jahren gefordert. Doch wie ließe sich mit der Historie wahrhaft umgehen, wenn man von ihr verlangt, gleichzeitig auch politisches Werkzeug zu sein? Der polnischen Geschichtsschreibung der letzten Jahrzehnte hatte man die Aufgabe zudiktiert, den Anspruch Polens auf die einst deutschen Ostgebiete „historisch" zu legitimieren und ein Alibi für die „Repolonisierung des urpolnischen Landes" jenseits von Oder und Neiße zu liefern. Der Zweck hatte alle Mittel zu heiligen – die Wahrhaftigkeit durfte auf der Strecke bleiben.

„Wir mußten uns als Polen in diesem Gebiet bis in die Gegenwart mit einer Geschichte abfinden, der man Gewalt angetan hat, die man nachträglich verbogen und verrenkt hat, bis sie in die Linie paßte, die unsere Parteihistoriker verordnet hatten. Man wollte uns hier vergessen machen, daß dieses Land schon seine Geschichte und seine Kultur hatte, bevor wir 1945 hierher kamen, daß es eine deutsche Vergangenheit hatte. Mit dieser geschichtlichen Lüge können und wollen wir nicht länger leben!"

Grzegorz Jasiński, den ich bei Freunden in Olsztyn traf, wußte, wovon er redete. Er ist selber Historiker, und er gehört zu der neuen Generation von Intellektuellen, die die politische Vergewaltigung der Geschichte nicht mehr hinnehmen wollen. Er war einer der Mitbegründer der „Kulturgemeinschaft Borussia", zu der sich Ende 1990 zwei Dutzend Gleichgesinnter im neuen Denken zusammenschlossen – neben Historikern auch Soziologen, Germanisten, Künstler, Schriftsteller, Museumsleute, Archäologen – alle um die 35 Jahre alt.

Im Gründungs-Manifest der „Borussia" lese ich später: „Wir sind hier nach 1945 geboren. Dieses Land ist unsere Heimat. Wir sind uns ihrer multikulturellen und multinationalen Vergangenheit bewußt und wir möchten für ihre Zukunft verantwortlich sein. Beim kritischen Denken und Wirken können und wollen wir die polnische Identität und das künftige polnische Erbe dieser unserer Heimat von dem hier angetroffenen einheimischen, also preußischen, deutschen Kulturerbe nicht loslösen. Wir erkennen es an und wollen – auch angesichts der im 20. Jahrhundert geschehenen Tragödien – beweisen, daß wir eine freie und gerechte Heimat anstreben, in der das Gute anderer Völker geachtet wird. Die Denkmäler jener nationalen Vergangenheit betrachten wir als die Denkmäler aus der Vergangenheit der Menschheit."

Ostpreußen war immer ein Pferdeland. Im Gestüt Liski – früher Remonteamt Liesken – wird die Trakehnerzucht fortgeführt.

Die Schwierigkeiten, mit der Geschichte umzugehen: Die besondere Historie Masurens hat diesen Umgang nicht gerade erleichtert. Denn diese Nahtstelle zwischen Ost und West war die Heimat einer ausgeprägten Mischbevölkerung, mit einem Stammbaum zwischen den Nationen. Seine Wurzeln reichen bis in die Zeit der Besiedlung der menschenleeren Waldwildnisse im Südosten des preußischen Ordensstaates zurück. Dort hatten nicht nur deutsche Kolonisten und Pruzzen neue Dörfer angelegt. Es waren auch polnische Einwanderer aus dem angrenzenden Masowien ins Land gekommen. Man war auf sie angewiesen, als nach der Niederlage des Ordens bei Tannenberg 1410 der Zustrom deutscher Siedler versiegt war. Diese masowischen Bauern und Köhler brachten – was dann 500 Jahre später für die nationalpolitischen Folgerungen wichtig wurde – eine dominierende, polnische Komponente ins Land.

Deutsche, Pruzzen und Masowier wurden zu den Urvätern des eigenständigen Völkchens der Masuren. Dessen Namen hatten die polnischen Zuwanderer geliefert, seine Sprache auch – sie war ein altpolnischer Dialekt, dem reichlich deutsche Lehnwörter und sonstige

Germanismen zugewachsen waren. Man lebte zwischen den Nationen und zwischen den Kulturen – der deutschen und der polnischen. Nach dem großen Sterben bei Tartareneinfall, Pest und Hungersnot hatten die preußischen Landesherren weitere Siedler in ihre östliche Grenzbastion geholt – Mennoniten und Calvinisten aus Holland, Hugenotten aus Frankreich, Salzburger Protestanten, Pfälzer, Nassauer – aber auch Litauer und polnische Arianer. Selten haben sich im alten Deutschen Reich so viele Wege gekreuzt und so viele Nationen in einem Schmelztiegel gemischt wie gerade in Masuren.

Die Kenntnisse über dieses fernab gelegene Land und seine Menschen waren in der übrigen Welt nur spärlich. Selbst Beschreibungen um die Jahrhundertwende lesen sich noch wie Expeditionsberichte: „Die Masuren sind ein biederes, von Landwirtschaft und Viehzucht lebendes Völkchen, bei dem noch patriarchalische Familienzustände herrschen. Sie gelten für gesellig, gutmütig und weich... Sie lieben den Branntwein und verzehren vegetablische Kost“, wußte Meyers Konversationslexikon 1897 über die Masuren zu sagen. Zur gleichen Zeit schrieb A. Hensel in der Provinzhauptstadt Königsberg: „Vom Charakter sind die meist klein gebauten, polnischen Masuren gutmütig und bescheiden, gastfrei und gesellig, fleißig und sparsam, daneben aber auch halsstarrig und mißtrauisch und im Besitz einer gewissen Verschmitztheit.“ Auch Hensel vermerkte ihren Hang zur Trunksucht.

Waren die Masuren nun Polen oder Deutsche – oder waren sie beides zugleich? Für sie selber hatte diese Frage nie eine besondere Rolle gespielt. Sie hielten an ihrer altpolnischen Alltagssprache fest, lebten aber mit den Deutschen wie die Deutschen. Auf polnisch nannten sie Preußen „unser deutsches Vaterland“. Diese freiwillige Germanisierung öffnete ihnen durch die Übernahme deutscher Kulturmuster den Weg zum sozialen Aufstieg. Von ihren streng katholischen Nachbarn trennte sie auch die Glaubensgrenze: Die Masuren gehörten seit der Zeit der Reformation zur evangelischen Kirche. Als dann aber mit unserem Jahrhundert in Europa die Ideologie der Nationalstaaten bedeutsam wurde, gerieten die Masuren unversehens zwischen die politischen Fronten. Deutsche und Polen reklamierten sie jeweils für die eigene Seite. Erstere versuchten, sie durch die Ausdörrung ihres Volkstums zu integrieren, letztere erklärten dieses Volkstum schlichtweg als ein polnisches – was es nicht war. Die Nagelprobe war 1920 die Volksabstimmung in Südostpreußen: 97,5 Prozent der Stimmen wurden für Deutschland abgegeben.

Zwar versuchte die polnische Seite für ihr katastrophales Abschneiden deutschen Terror beim Referendum verantwortlich zu machen. Doch in einem internen Bericht an Warschau mußte der polnische Konsul in Allenstein ernüchtert eingestehen: „Leider muß man sich mit dem Gedanken abfinden, daß die Masuren sich jetzt als Deutsche fühlen, obwohl doch im Alltag auf dem Lande die polnische Sprache die beherrschende Stellung einnimmt.“

„Wer uns Masuren hält für Polen, psakrev, den soll der Teufel holen!“ triumphierte man auf deutscher Seite. Man ging systematisch daran, die polnischen Elemente des Masurentums – vor allem in der Sprache – zu eli-

Ein Mahnmal für die Ewigkeit – der Mammutbetonklotz des Führerbunkers in der Wolfsschanze.

minieren. Der polnischen Agitation gab das die Möglichkeit, den „Mythos der unter dem Joch der Germanisierung schmachtenden und auf Befreiung wartenden masurischen Bevölkerung lebendig zu halten“ – so der Mainzer Soziologe Joachim Rogall 1991 auf einem Borussia-Seminar in Olsztyn. Die masurischen Aktivisten glaubten dann auch, mit dem Ende des Zweiten Weltkriegs sei die Stunde gekommen, wo die im Lande verbliebenen Reste der Bevölkerung endlich in den Mutterschoß der polnischen Nation heimkehren durften.

Doch statt der Heimkehr erwartete die Menschen die große Masurische Passion, die Tötung und Verschleppung von Tausenden durch die Rote Armee, danach durch polnische Willkür die physische und psychische Vertreibung im eigenen Land, die am Ende selbst die polnisch gesinnten Masuren in die Aussiedlerlager der Bundesrepublik trieb. „Es blieb Masuren ohne die Masuren“, schrieben Andrzej und Agniezka Wróblewski in ihrem 1989 in Warschau veröffentlichten Buch *Zgoda na Wyjazd* („Ausreiseerlaubnis“).

Dieses in Polen heftig umstrittene Buch ist eine bittere Anklage gegen die polnischen

Machthaber der kommunistischen Ära, gegen die Dummheit, die Rücksichtslosigkeit und Brutalität ihres Apparates, deren Opfer die Masuren wurden. Zum ersten Mal erfuhr damit die polnische Öffentlichkeit am Beispiel von Einzelschicksalen von dieser Tragödie im eigenen Land. Denn zum ersten Mal durfte offen darüber berichtet werden. Im Mittelpunkt stehen dabei jene 120 000 sogenannten Autochthonen, die als „alteingesessene, aus der Germanisierung nach Polen zurückkehrende Urbevölkerung" nach einem „Verifizierungs-Prozeß" zu polnischen Staatsangehörigen erklärt wurden – im Gegensatz zur deutschen Restbevölkerung, die der im Postdamer Abkommen sanktionierten Zwangsaussiedlung unterlag.

„Man hat uns als schäbige, unpatriotische Nestbeschmutzer beschimpft. Man hat uns sogar unterstellt, von Bonn bezahlt worden zu sein. Denn viele unserer Landsleute wollen es einfach nicht wahrhaben, daß wir Polen hier selber die Täter waren, wo wir uns sonst doch immer als die Opfer sehen", berichtet mir das Warschauer Journalisten-Ehepaar in seinem masurischen Sommerhaus in der Nähe von Nidzica (Neidenburg). „Aber gerade als Patrioten halten wir es für unsere Pflicht, der eigenen Nation ihre Fehler vorzuhalten, ihr die Wahrheit zu sagen, jetzt, wo wir es endlich dürfen – auch wenn es eine bittere ist. In unserer Geschichte darf es keine schwarzen Löcher mehr geben, keine falschen Tabus!"

Zu diesen Tabus gehörte die Nachkriegspolitik gegenüber den Masuren. Am Verhalten der Menschen in der Nachbarschaft ihres Sommerhauses spürten die Wróblewskis, daß sich da im Verborgenen eine Tragödie großen Ausmaßes ereignete. „Als wir vor 20 Jahren hierher kamen, stießen wir bei unseren eingesessenen Nachbarn bei bestimmten Themen auf eine Mauer des Schweigens. Oder es gab Andeutungen, die wir nicht glauben konnten. Dann erlebten wir, wie um uns herum mit den Jahren immer mehr Familien nach Deutschland ausreisten, die wir für Polen gehalten hatten. Daß sie ihre Heimat, ihre Häuser und sogar ihre Gräber verließen, verstanden wir nicht mehr. Wir begannen, nach den Gründen zu suchen. Aus Hunderten von Gesprächen und aus heute öffentlichen Dokumenten formte sich für uns ein erschreckendes Bild – das Bild vom Untergang des Masurentums."

Die 1945 Zurückgebliebenen hatte Haß, Verfolgung und blutige Greuel erwartet – zunächst von den Siegertruppen der Roten Armee. Für sie waren alle Masuren Deutsche – die ersten Deutschen, an denen sie endlich Rache nehmen konnten, mit Plünderungen, Vergewaltigung und Totschlag. Um die 20 000 Menschen, so schätzt man, wurden noch nach Kriegsende in Masuren umgebracht, oder sie kehrten nie mehr aus der Verschleppung nach Sibirien zurück.

Aber mehr noch als die so lange amtlich totgeschwiegenen Untaten der Sowjets entsetzte die Wróblewskis das Verhalten der eigenen Landsleute. Plündernd und verwüstend seien die polnischen Nachbarn von südlich der Grenze über Masuren hergefallen: „Die Menschen versteckten sich in den

Erinnerung an der Ordenszeit – das Heilsberger Tor in Bartoszyze (Bartenstein) aus dem Jahr 1359.

Wäldern, erst vor Soldaten, dann vor den Räubern, die nachts aus dem nahen Kurpien herüberkamen und sich ein Recht auf individuelle Vergeltung anmaßten." Von den polnischen Behörden war keine Hilfe zu erwarten – im Gegenteil: „Ein Milizionär zwang mich zu gestehen, daß ich deutschen Partisanen Brot in den Wald brächte. Unter diesem Vorwand nahm man mir meinen Hof weg, auf den sich dann der Bruder des Milizionärs setzte. Auf unseren Protest reagierte der Milizbeamte mit den Worten: Sobald mehr von uns Polen kommen, werden wir es euch schon zeigen!" Nicht nur die lokalen Machthaber bedienten sich skrupellos und eigennützig. Die obersten Politbonzen ließen für ihre Staatsjagden und Freizeitreservate im bevorzugten masurischen Wald- und Seen-Paradies ganze Dörfer konfiszieren. So wurden in Orzechowo (Nußtal) Bauern ohne jede Entschädigung von ihren Höfen gejagt, weil man ihre Felder für die Ausweitung der Staatsjagdreviere brauchte. Enteignungen und behördliche Drangsal waren jahrelang an der Tagesordnung.

Mit der berüchtigten „Verifikation" bestimmten die Behörden nach gewissen, vagen Kriterien, wer Pole und wer Deutscher war. Ziemlich willkürlich wurden Masuren mit einem slawischen Namen zu Polen erklärt, selbst wenn sie kein Polnisch sprachen, während Polnischsprechende mit deutschen Namen als Deutsche ausgewiesen wurden. Viele Vor- und Familiennamen wurden nach einem Dekret vom 10. November 1945 in blindem Eifer zwangspolonisiert. Viele erfuhren ihre neuen Namen erst aus den Änderungsbescheiden. Als sich die Betroffenen dieser Verifikation verweigerten und lieber in die Wälder flüchteten, verifizierte man jeden als Polen, wenn er nur kein Nazi gewesen war.

„Diese mechanische Trennung der Masuren von den Deutschen durch die Verifikation war genauso offenkundiger Wahnsinn wie die krampfhaften Versuche der Polonisierung von Kulturdenkmälern", urteilte Andrzej Wróblewski. Offiziell hatte man stets von „Repolonisierung" gesprochen, um dieses Vorgehen historisch zu rechtfertigen. Sie hatte zum Ziel, „alle Erinnerungen an die deutsche Herrschaft radikal und unwiderruflich zu entfernen – ohne Rücksicht auf ihren künstlerischen, architektonischen und wissenschaftlichen Wert." Das galt selbst für die Friedhöfe. Zugleich wurde die deutsche Sprache mit einem strikten Bann belegt – schon auf deutsch geführte Gespräche oder deutsche Gesänge galten als Delikte. „Die Sache lief von Anfang an schief", liest man bei den Wróblewskis: „Der Fehler war, daß man glaubte, um jeden Preis polonisieren zu können. Mit der Verifikation nahm diese Idee karikaturistische Formen an. Man glaubte, die Menschen würden sich durch Gewalt und Furcht überzeugen lassen. Statt dessen wurde nur Haß gesät." Haß erlebten die Masuren umgekehrt auch bei ihren polnischen Nachbarn. Provokativ nannten diese sie „Fritz", „Schwabe" oder „Hitlerist". Damit gab man zu verstehen, daß man sie auch weiter für Deutsche hielt. „Uns wurde klar: Als die polnische Wirklichkeit für die Masuren quälend und unerträglich wurde, besannen sie sich auf jenes andere Vaterland. Einer nach dem anderen packte seine Koffer für die Ausreise", resümierte Andrzej Wróblewski.

Von den 1948 registrierten 120 000 Zurückgebliebenen verließen nach polnischen Angaben bei den Familienzusammenführungen der fünfziger Jahre 73 000 das Land. 16 000 folgten bis 1970, weitere 55 000 Menschen zogen bis 1988 in Richtung Bundesrepublik davon. Schon 1956 hatte eine Handvoll masurischer Intellektueller die Parteiführung in Warschau vor den Folgen eines solchen Aderlasses gewarnt. In ihrer Denkschrift hieß es: „Wir stolpern, wir brechen zusammen. Um uns herum herrscht Widerwillen, Unrecht und Gewalt. Es tut weh, daß sehr viele Masuren an Hunger und Kälte leiden, weil sie ohne Heizstoff, Kleidung, Wohnung und Brot auskommen müssen." Aber man wolle nicht nur Brot, sondern auch die Anerkennung des in sieben Jahrhunderten geformten Andersseins, das Recht, die eigenen Traditionen wieder frei zu pflegen, ohne das Joch des Unrechts und des Leidens. Doch dieser Hilferuf war in Warschau ungehört geblieben – der große Exodus nahm seinen Lauf. Am Ende wurde er zu einem masurischen Trauma.

Im Herbst 1991 traf sich in Olsztyn ein halbes Hundert polnischer, deutscher, litauischer und russischer Wissenschaftler, Künstler und anderer Interessierter – die Vereinigung Borussia ging mit ihrer ersten großen Veranstaltung daran, die Masurische Passion ohne die alten nationalen Vorbehalte aufzuarbeiten. Die Olsztyner Soziologin Bozéna Domagała sprach von der „gewaltsamen Vernichtung des gesamten Kulturgutes" der Menschen, die bis 1945 das Land bewohnt hatten: „Dieser Vernichtungswahn dauerte solange, bis alles ausgeplündert, ausgeraubt und abgefahren war. Es wurde zur bösen Gewohnheit, dieses Gebiet als ein gelobtes Land zu betrachten, in dem man ungestraft plündern und rauben durfte." Der Autor K. Brackoniecki warf den Literaten, Historikern und Politikern vor, keinen eigenen polnischen Mythos Masurens geschaffen zu haben – sie hätten statt dessen alle Hände voll zu tun gehabt, die Geschichte des Landstrichs zu fälschen.

Unser Jahrhundert habe den Masuren keine Chance des Überlebens gegeben, hatte der Mainzer Soziologe Joachim Rogall auf dem Seminar postuliert. In Deutschland hätten sich diese weitgehend freiwillig assimiliert und damit ihre Wurzeln verloren – Polen habe sie mit demselben Ergebnis zwangsassimiliert. „Nach 1945 war in Polen niemandem an der wirklichen, masurischen Identität gelegen. Man zimmerte sich sein polnisches Masurenbild, bei dem schließlich nur noch die Masuren selber störten, weil sie sich beharrlich weigerten, es zu bestätigen." Diese Vernichtung der Identität nannte Rogall den „Versuch eines kulturellen Völkermordes".

„Er kam aufs neue zu der bestürzenden Entdeckung, daß sein real existierendes, vor ihm ausgebreitetes Heimatland, diese auch psychische Landschaft, die ihn geprägt hatte, sich vor ihm gleich einem Windzopf auflöste und aus seinem Blickfeld verschwand. Er fürchtete, daß es von diesem Land bald nichts mehr zu bewahren gebe. Ihm schien, daß ein Schöpfer im Himmel sich wartend über das Schöpfungsbuch beugte, um einen toten Namen zu tilgen – zur Freude jener Menschen, die ihn schon vorher gelöscht hatten", schrieb Erwin Kruk in seiner *Kronika z Mazur* („Masurische Chronik"). Der

Olsztyner Literat, der sich selber zum polnischen Masurentum bekennt, hat als einer der wenigen Schriftsteller die eigene bittere Erfahrung der zwangsweisen Entwurzelung und „Vertreibung im eigenen Land“ literarisch verarbeitet.

Könnte es für jenen Schöpfer von Belang sein, ob jemand katholisch ist oder evangelisch, ob Deutscher oder Pole? Für den selbstbewußten, mächtigen Katholizismus Polens ist Maria die „Königin der polnischen Krone“ – Konfession und Nation sind für ihn identisch. Dieser patriotische „Glaube der Nation“ begründet die Formel „Pole = Katholik“. Dementsprechend gilt für die Polen „Lutheraner = Deutscher“.

Die evangelischen Masuren paßten damit nicht in das makellose Glaubensbild der polnischen Nation. „Auf der Karte Masurens war einst ein schwarzer Fleck des Lutheranismus. Heute gibt es nur noch vereinzelte Fleckchen. Beten wir zu Maria, der Königin der polnischen Krone, daß auch diese bald verschwinden“, hatte ein hoher, geistlicher Würdenträger 1959 in der ermländischen Wallfahrtskirche Swięta Lipka (Heiligenlinde) auffordernd verkündet.

Dieser Hintergrund erhellt das wohl düsterste Kapitel der Glaubensgeschichte von Masuren: die illegale Besetzung von zwei Dutzend evangelischer Kirchen, die selbst in den achtziger Jahren noch vorkam. Im Oktober 1981 war eine Prozession der katholischen Dorfbewohner mit ihrem Pfarrer an der Spitze gewaltsam in das lutherische Gotteshaus von Szestno (Sehesten) eingedrungen und hatte das mitgetragene Bildnis der Nationalheiligen, der Schwarzen Madonna von Tschenstochau, samt dem polnischen Adler neben dem Altar aufgehängt. Für die evangelischen Glaubensbrüder blieb die eigene Kirchentür mit einem neuen Schloß fortan verriegelt – nicht anders als in Spychowo (Puppen), wo die Besetzer unmittelbar nach dem sonntäglichen Gottesdienst der Lutheraner die Kirche gestürmt hatten. „Der Kirchenraub durch die katholischen Nachbarn und ihre Geistlichen war entwürdigend“, klagte damals verbittert der evangelische Pastor im Sprengel von Olsztyn, Wilhelm Firla: „Manchmal fanden wir nur einen Zettel an der Kirchentür, wo wir unser in irgendwelche Säcke gestopftes Altargerät abholen konnten.“ Weder Anzeigen bei der Polizei noch Proteste bei der katholischen Kirchenführung nutzten etwas. Das Olsztyner Bischofsamt ließ wissen, man sehe sich nicht in der Lage, die Kirchen vor der Aneignung durch die eigenen Gläubigen zu schützen, wenn sie von der ständig weiter schrumpfenden, kleinen Schar der verbliebenen Lutheraner kaum noch zu nutzen seien, während die kopfstarken katholischen Gemeinden mangels eigener Gotteshäuser noch immer unter freiem Himmel oder in Provisorien beten müßten. Doch selbst 1989 stand hinter den Besetzungen noch der alte politische Ungeist. Der „Bekennerbrief“ der Besetzer von Szestno spricht da eine deutliche Sprache: „Wir wollen, daß in den Kirchen auf polnischem Boden polnische Lieder erklingen, und der Geist in diesen Kirchen polnisch ist und nicht deutsch. Die Reste der Evangelischen hier in den wiedergewonne-

Das einst evangelische Masuren ist heute katholisch.

nen Gebieten jedoch beten für ein anderes Vaterland." Der evangelisch-augsburgischen Kirche in Polen blieb am Ende gar nichts anderes übrig, als viele ihrer zu groß gewordenen Dorfkirchen an die Katholiken zu verkaufen oder zu verpachten.

Während sich überall in Polen Zeichen eines entspannten, sachlichen Umgangs mit dem Erbe aus deutscher Vergangenheit zeigen, tut sich ausgerechnet die Kirche noch immer schwer damit. Das zeigte sich besonders kraß, als Papst Johannes Paul II. im Juni 1991 auf seiner vierten Pilgerreise in die polnische Heimat auch in Koszalin (Köslin in Pommern) und in Olsztyn Station machte. Bei dieser Reise suchte er das Gespräch mit den Minderheiten im Land – den Ukrainern, Weißrussen und Litauern. Im ostpolnischen Przemysl hatte er dazu aufgerufen „alte Nationalismen" zu begraben, in Olsztyn warnte er vor der „Manipulation der Wahrheit", wozu „Volkszugehörigkeit, Religion oder Weltanschauung" verleiten könnten. Doch auf das von vielen erhoffte, versöhnliche Zeichen in Richtung deutsche Minderheit wartete man vergeblich.

Nicht eine einzige Silbe verwandte der polnische Papst auf die deutsche Vergangenheit der Region. Und bei der Aufzählung der in ihr lebenden Volksgruppen überging er die 10 000 Deutschstämmigen, die es nach der offiziellen Statistik aus Olsztyn noch immer gibt, mit beredtem Stillschweigen. Das Episkopat in Warschau begründete das päpstliche Schweigen mit der lakonischen Feststellung, die Reise habe schließlich durch keine Gebiete geführt, die von Deutschen bewohnt seien. „Der Papst hielt sich strikt an eine Sprachregelung, nach der die deutsche Vergangenheit von Ostpreußen und Pommern nicht erwähnt werden sollte", schrieb die Süddeutsche Zeitung. Es war die Sprachregelung, die vom Episkopat auch den elektronischen Medien in Polen nahegelegt worden war: Bei der Berichterstattung über die Papstreise „sei der urpolnische und slawische Charakter der nach dem Zweiten Weltkrieg zurückerlangten Gebiete" zu betonen – nota bene: im Juni 1991!

Dem Bischof von Warmia (Ermland), Edmund Piszcz, blieb es vorbehalten, die Worte zu sprechen, die viele gern vom polnischen Papst gehört hätten: „Diese Erde voller Leid hat vor allem in der Nachkriegszeit schwere Prüfungen für die Menschen bereitgehalten. Die einen mußten sie verlassen, die anderen mußten sich hier ansiedeln, ohne daß man beide nach ihrer Meinung gefragt hätte. Die Entscheidung trafen fremde Mächte für sie ..." Das Wort „Deutsche" wollte allerdings auch dem Bischof nicht über die Lippen, obgleich er schon lange enge Verbindungen zu ermländischen Gläubigen in der Bundesrepublik unterhält.

„Wir waren sehr betrübt, daß der Papst uns Deutschstämmige überhaupt nicht erwähnt hat", klagte Hildegunde Butrym, die Vorsitzende der „Deutschen Gesellschaft Elch" in Olsztyn. Ihre Vereinigung gehört zu dem guten halben Dutzend Organisationen, in denen sich Angehörige der deutschen Minderheit mit dem deutsch-polnischen „Vertrag über gute Nachbarschaft und freundschaftliche Zusammenarbeit" zusammenschließen durften. Noch fünf Jahre zuvor hatte die Regierung die Existenz einer deutschen Minderheit offiziell geleugnet.

„Unsere Mitglieder wollen ihre Identität

nicht länger verheimlichen. Sie wollen laut sagen, wer sie sind. Sie wollen ihre deutschen Wurzeln offenlegen und verkümmerte deutsche Kultur wiederentwickeln", heißt es in den Zielsetzungen der „Masurischen Gesellschaft", die neben dem deutschen Erbe auch das masurische pflegen will. Sie zählte Ende 1991 um die 1000 Mitglieder. Zu ihrem drei Tage dauernden Sommertreffen auf einem Bauernhof in Karwie (Karwen) kamen nicht weniger als 2500 Menschen. Sie half beim Aufbau eines kleinen masurischen Dorfmuseums, und ihr Fernziel ist es, die lange als Rathaus und Gefängnis genutzte Ordensburg von Ryn (Rhein) vor dem drohenden Verfall zu retten – als künftiges deutsches Kulturzentrum mit Internatsschule und Altersheim.

„Wir leben in diesem Lande, das unsere angestammte Heimat ist, und wir stehen zu diesem Staat, in dem wir jetzt leben. Doch wir erwarten, daß man unsere kulturelle Identität respektiert und uns hilft, sie zu erhalten oder wiederherzustellen", umschreibt die „Allensteiner Gesellschaft Deutscher Minderheit" ihr Selbstverständnis. Diese mit 2000 Mitgliedern größte der deutschen Organisationen plant deutsche Kindergärten, mehr Deutschunterricht, eine deutsche Bücherei, eine deutsche Begegnungsstätte, für die die Stadt Olsztyn eine alte Villa zur Verfügung gestellt hat. Man kümmert sich um Alleinstehende deutscher Abstammung, organisiert den Jugendaustausch, richtet verwüstete Friedhöfe wieder her, vermittelt deutsche Hilfe für die Wirtschaft. Voller Optimismus verkündet ihr Vorsitzender Walter Angrik: „Die Geschichte hat gezeigt, daß unsere Vorfahren im Land der dunklen Wälder und kristallenen Seen durch harte Arbeit, Fleiß, Disziplin und Ordnung jede schlechte Lage gemeistert haben. Wenn jetzt jeder von uns kräftig anpackt, bin ich von einer besseren Zukunft unserer Heimat überzeugt." Die auflagenstarke Warschauer *Gazeta Wyborcza* widmete in einer Wochenendausgabe im September 1991 der deutschen Minderheit in Polen eine fünfseitige Dokumentation. Die junge Generation in Schlesien, Masuren und im Ermland, stellte das Blatt fest, sehe in den Deutschen dort „schlicht Nachbarn und nicht die ewige germanische Bedrohung." Wörtlich hieß es: „Wir sollten uns bewußt machen, daß die Deutschen sich nicht erst gestern in Polen gezeigt haben, daß sie fast von Anfang an unter uns waren und daß es uns für gewöhnlich mit ihnen nicht am schlechtesten ging."

Versöhnliche Zeichen einer neuen Zeit: Polen und Deutsche gehen unbefangen daran, die gewollten und ungewollten Mißverständnisse ihrer gemeinsamen Geschichte beiseite zu räumen. Sie sind dabei, unselige Klischees und diffamierende Stereotype abzubauen, die so lange Zeit die Atmosphäre zwischen beiden Nachbarn belastet haben. Ein Stück Normalität beginnt auch in Masuren zu wachsen.

Eine Zitadelle öffnet ihre Tore: Kaliningrad

Die alte Reichsstraße 1 nach Königsberg: ein dicker, roter Farbstrich quer über den löcherigen Asphalt markiert kurz hinter Braniewo (Braunsberg) die Grenze. Eine Art Gartentor versperrt an dieser westlichsten Eingangspforte zum russischen Kaliningradskaja Oblast die Fahrbahn. CCCP steht in kyrillischen Lettern am Torpfosten: UdSSR. Jemand hatte auf diesem Pfosten seine geleerte Wodkaflasche zurückgelassen.
Nur noch eine Stunde Autofahrt war es von dem roten Strich bei Braniewo bis an den Pregel. Wie oft war ich bei meinen vielen Masuren-Besuchen der letzten zwanzig Jahre irgendwo an diese Grenze gefahren, hinter der – unzugänglich – die nördliche Hälfte des zerteilten Ostpreußen lag. Oder ich hatte auf der alten Reichsautobahn gestanden, die – von Elbing kommend – vor einer gesprengten Talbrücke im Nirgendwo endet. Erst weit jenseits der Schlucht mit dem Grenzbach nimmt das Betonband den Weg wieder auf, der nach Königsberg führte, Königsberg, das als Kaliningrad für alle Zeiten in unerreichbare Ferne gerückt schien.
Für diese Reise im Herbst 1991 hatte ich ein russisches Sondervisum, dazu ein dringendes Empfehlungsschreiben der polnischen Botschaft für diesen Grenzübergang, der für ausländische Touristen noch immer verschlossen war. Diesen blieb für die Reise in das nördliche Ostpreußen nur der obligatorische Umweg über Brest und Litauen. 1600 Kilometer liegen da zwischen Berlin und Kaliningrad. Über die Reichsstraße 1 aber hatten Berlin nur 600 Kilometer von Königsberg getrennt.
Trotz meines Empfehlungsschreibens hatten die polnischen Grenzbehörden zwei Stunden gebraucht für ihre Telefonate mit fernen, vorgesetzten Dienststellen. Dann erst öffneten sie den Schlagbaum. Jetzt warte ich vor dem rotgrünen Tor auf den Einlaß in die Oblast, der mit der Größe von Schleswig-Holstein und 900 000 Menschen die kleinste Provinz der Republik Rußland ist. Schon nach wenigen Minuten schiebt ein freundlich grüßender Grenzsoldat das Tor beiseite. Dank des Sondervisums dauert die russische Grenz- und Zollabfertigung keine Viertelstunde. Noch zwei Sicherheitstore, mannshoch dieses Mal, mit Stacheldraht und säuberlich geharkten Sichtschneisen – dann ist die Fahrt frei auf der legendären Reichsstraße 1, die als alte West-Ost-Achse die Kaiserstadt Aachen über die Hauptstadt Berlin mit der Krönungsstadt der Preußenkönige verband.
Schnurgerade führt die Chaussee Kaliningrad entgegen, durch sanfte Landwellen, durch Wiesen und Wälder. Beiderseits dicht gereiht uralte Linden, knorrige Eichen und Kastanien. Ihr Blätterdach wölbt sich über der Fahrbahn: ein grüner Tunnel mit den ersten goldenen Laubflecken des Herbstes. Irgendwo am imaginären Ende der endlosen Allee verjüngt sich das Gewölbe zum Punkt – man fährt durch den Tunnel in die Vergangenheit, in die unergründlichen Speicher der Erinnerung.
Das weckt frühe Bilder: Die hitzeflimmernden Sommer im Osten, wo man den kühlen-

Seite 66/67: Andreaskreuze über Kaliningrad – die verfallene Kreuzkirche im Königsberger Stadtzentrum wird als orthodoxes Gotteshaus wieder aufgebaut.

Das westlichste Eingangstor in den Oblast Kaliningrad – die russische Grenze an der alten Reichsstraße 1.

den Schatten des Laubdaches suchte, die hochbeladenen Erntewagen auf dem sandigen Sommerweg, der noch heute in deutlichen Resten da ist, neben der grauen Asphaltstraße. Die Kornfelder längs der Straße, die aufgehockten Roggen- und Weizengarben militärisch in Reih und Glied – dieses Land war einst die Kornkammer Deutschlands.

Jedes zehnte Brot, das in Deutschland gegessen wird, ist aus ostpreußischem Korn gebacken, hatte ich in meiner Broschüre aus brauner Zeit gelesen: „Ostpreußens Bauern setzen ihre Mühen darein, immer mehr noch Anteil an der Ernährungssicherung des deutschen Volkes zu haben." Erinnerungen an die Kartoffelschläge daheim im herbstlichen Pommern, wie mit dem Lineal gefurcht. Die Dörfer mit ihren ansehnlichen Bauernhöfen. Stattliche Herrenhäuser und ärmliche Tagelöhnerkaten. Entengeschwader auf dem Dorfteich und geschwätzige Gänseherden. Über allem – unbegrenzt – ein hoher Himmel.

Der Himmel ist geblieben, das flachgewellte Land, die grüne Geborgenheit der Alleen. Sonst aber wollen sich die realen Bilder nicht mehr in das Erinnerungsmuster fügen. Es sind graue Bilder, mit denen selbst dieser goldene Herbsttag nicht versöhnen will. Versteppte Brache zieht am Autofenster vorüber, neben bestellten Feldern. Wuchernde Disteln, Gestrüpp und Gesträuch – Wildnis breitet sich aus, wo fruchtbare Äcker waren. Wiesen haben sich in Moraste verwandelt, weil die Drainagen nicht mehr funktionieren. „Bei uns fallen die Kühe nur deswegen nicht um, weil sie bis zum Bauch im Dreck stehen", scherzte ein Kolchosbauer mit bitterem Sarkasmus. Nur die Störche profitieren von der sumpfigen Wildnis. Ihre Nester sieht man auf Scheunendächern und Kirchenruinen, auf Telegrafenmasten und abgestorbenen Bäumen – mehr noch als drüben in Masuren.

Verlassene, zerfallene Höfe neben der Straße, Distel- und Brennesselwälder überwuchern ihre Mauerreste. Eingestürzte Ställe und Scheunen in den Dörfern – vieles, was die Feuerwalze des Krieges überstanden hatte, endete als Steinbruch – vor allem die oft noch aus der Ordenszeit stammenden Backsteinkirchen. Die alten Dörfer haben riesigen Kolchosen Platz gemacht, mit ihren schmucklosen Wohnkästen, Silos und Mammutställen – „schmutzige Agrarfabriken, wie eine Kombination aus Zementwerk und Straflager", befand ein Journalist der FAZ.

Das weite Land zwischen den Kolchosbauten wirkt menschenleer – nur auf ein paar Kartoffeläckern sammeln abkommandierte Schulklassen und Kompanien von Marinesoldaten lustlos die Knollen. Kaum etwas reizt zum Verweilen, auch die einstigen Marktflecken nicht: Mamonovo (Heiligenbeil), wo im Februar/März 1945 die deutsche 4. Armee in der berüchtigten Kesselschlacht zerrieben wurde, nur weil Hitler das Durchhalten um jeden Preis befohlen hatte – Heiligenbeil wurde zum Stalingrad Ostpreußens. Oder Usakovo (Brandenburg) mit den Ruinen der Ordensfeste: Hinter ihren Mauern darbte Heinrich von Plauen, der von den eigenen Ordensbrüdern hintergangene und abgesetzte Hochmeister, in „fester Haft".

Eine Stunde nach dem Grenzübertritt wächst die Silhouette der Hafenkräne über den Horizont, Silos, Türme, Hochhäuser: Vor mir liegt Kaliningrad, das einmal Königsberg war.

„Und sollte es hier einen Sarg,
so krumm, wie ich bin, geben,
so möcht ich gern in Königsberg
Begraben sein und leben."

So hatte der alte Spötter Joachim Ringelnatz liebevoll bissig gedichtet – würde ihm etwas Ähnliches heute noch einmal aus der Feder fließen?

Калининград: die Stadt ohne Mitte. Uniforme, zementgraue und ockergelbe Betonwaben, soweit der Blick reicht, seelenlose Wohnmaschinen, Mammutquader neben Mammutquader, monoton im Einheitsraster des Plattenbaues. Breite Straßenschneisen – sie durchschneiden die betonierte Tristesse über den eingeebneten Trümmern des verschwundenen Königsberg. Riesige, kahle Plätze, auf denen sich die eiligen Passanten verlieren: irgendwie wirken sie ausgefranst und zugig. Selbst die alten Genossen Lenin und Kalinin (der von 1919 bis 1946 nominelles Staatsoberhaupt der Sowjetunion war) scheint es auf ihren hohen Postamenten zu frösteln. Diese Leerflächen verstärken die Unbehaglichkeit der ganzen urbanen Ödnis eher, als daß sie zu deren optischer Auflockerung beitrügen. So willkürlich würde ein lustloses Kind seine Bauklötze über den

Fußboden seines Spielzimmers verteilen. Hat man beim krampfhaften Tilgen alles Gewesenen ein altes Meisterwerk übertüncht, damit seine ursprüngliche Szenerie für alle Zeit verschwunden bleibe? Kaliningrad – das könnte auch das sibirische Irkutsk sein, schrieb befremdet ZEIT-Herausgeberin Marion Gräfin Dönhoff nach ihrem ersten Besuch in dem aus Kinderzeiten vertrauten Ort – ihr Familiensitz Friedrichstein lag nur 20 Kilometer von Königsberg entfernt. Die ganze betongeplattete Einheitsphysiognomie wäre austauschbar, hätten sich da nicht doch noch letzte Relikte der deutschen Vergangenheit in unsere Tage herübergerettet – Fossilien einer amtlich tabuisierten Epoche, über der für fast 700 Jahre der stolze Name Königsberg gestanden hatte.

Königsberg: die Stadt des Kategorischen Imperativs und der Reinen Vernunft – Immanuel Kant, ihr größter Sohn, hat diese Stadt am Pregelfluß Zeit seines Lebens niemals verlassen.

„Handle nur nach der Maxime, durch die du zugleich wollen kannst, daß sie allgemeines Gesetz werde", zitiert Jurij, der Stadtführer, am blumengeschmückten Grabmal der personifizierten „Weltleistung des deutschen Geistes". Und Jurij sagt: „Kant hat in Kaliningrad allem zum Trotz überlebt. Auch wenn unsere Machthaber von gestern versucht haben, die deutsche Vergangenheit gänzlich aus der Stadtgeschichte zu radieren – Kant war für sie zu groß. Sie mußten sich mühsam mit ihm arrangieren!"

Es gebe da noch ein Zitat, sagt Jurij den aus Deutschland herbeigepilgerten alten Königsbergern – etwa 20 000 waren es in diesem ersten Jahr nach der Öffnung der Oblast: „Reich ist man nicht durch das, was man besitzt, sondern viel mehr noch durch das, was man mit Würde zu entbehren weiß. Und es könnte sein, daß die Menschheit reicher wird, indem sie ärmer wird, und gewinnt, indem sie verliert." Jurij zuckt bedauernd die Schultern: „Sie haben Ihr Königsberg verloren, wir haben unser Kaliningrad gewonnen. Krieg ist Krieg, und Sieg ist Sieg! Aber – wer hat denn am Ende wirklich gewonnen?"

Königsberg: die Seehandelsstadt, weltoffen und kosmopolitisch. Das geistige Zentrum des deutschen Ostens. Schon 1544 gründete Herzog Albrecht die berühmte Universität Albertina, die Königsberg zur Bastion der europäischen Aufklärung machte. Zu ihrer 400-Jahr-Feier 1944 stritten sich die angereisten Rektoren der deutschen Hochschulen noch eifersüchtig um die Ehrenplätze, während von Osten her schon das unheilvolle Dröhnen russischer Kanonen zu ahnen war. „Königsberg", hatte Kant geschrieben, „kann schon für einen schicklichen Platz zur Erweiterung sowohl der Menschenkenntnis als auch der Weltkenntnis genommen werden, wo die, auch ohne zu reisen, erworben werden kann." Kant war, wie gesagt, nie über Königsberg hinausgekommen.

Königsberg wurde Kaliningrad, die betongraue Stadt am Bernsteinmeer. Die Partei hat alles darangesetzt, die deutsche Vergangenheit bis hin zu ihren Trümmern radikal zu tilgen. Für Kaliningrad sollte die Geschichte erst mit der Stunde Null des Großen Vaterländischen Sieges beginnen. Die Zeit davor fiel der amtlichen Amputation zum Opfer. Erst als Perestroika und Glasnost verspätet den Pregel erreichten, ging man daran, die unter dem Schutt einer kläglich gescheiterten

Wo einst das Herz von Königsberg schlug, stehen heute monotone Wohnblocks am Pregelufer nahe dem einstigen Schloß.
Warten auf Käufer – Marktfrau in Kaliningrad.

Ideologie verborgene Vernunft mühevoll wieder freizulegen. Kaliningrad machte sich auf die Suche nach seiner geraubten Vergangenheit.

Fast ein halbes Jahrhundert hatte man die Oblast rigoros von der übrigen Welt abgeschottet. Dieser westlichste Vorposten Moskaus wurde zur größten Marinebasis an der Ostsee ausgebaut – Stützpunkt der Baltischen Flotte mit ihren 200 000 Soldaten, ihrer gewaltigen konventionellen Armada und den Atom-U-Booten in Baltijsk (Pillau). Die verriegelte Militärbastion wurde zur Terra incognita, Kaliningrad zur sakritij gorod, zur verbotenen Stadt. Noch im Sommer 1990 hatte KGB-General Anatoli Soroka in einem Interview sarkastisch wissen lassen: „Es sind tatsächlich zu wenige historische Plätze geblieben, die deutsche Touristen interessieren könnten. Wir können ihnen nur unsere mit Tränen übergossenen Heiligtümer zeigen. Das sind die Massengräber, in denen Tausende und Abertausende von unseren Soldaten liegen. Es wäre unmoralisch, sie für Valuta zu zeigen. Die Gräber sind der teure Preis, den wir nicht aus eigener

Schuld für dieses Gebiet gezahlt haben." Doch 1991 mußten die Militärs zähneknirschend und zögerlich ihre veriegelte Zitadelle öffnen.

War es letztlich sentimentale, späte Dankbarkeit gewesen, daß dieser winzige, nordöstliche Zipfel des zertrümmerten Deutschen Reiches Stalin zufiel? Winston Churchill, der zeitlebens um seinen historischen Ruhm als Stratege des Ersten Weltkrieges bemüht war, hatte es den Russen nie vergessen, daß sie 1914 mit ihrem Großangriff im Osten die Westalliierten bei der wichtigen Marneschlacht entschieden entlastet hatten. Noch bevor zum Ende des Zweiten Weltkrieges in Jalta und Potsdam die Landkarte Europas neu gezeichnet wurde, hatte er Stalin zugesichert, daß „diese durch den Opfergang zweier russischer Armeen 1914 bei Tannenberg mit russischem Blut getränkte Erde nach dem Sieg über Hitler ein für alle Mal russisches Territorium werden muß." So simpel ereignet sich bisweilen Geschichte.

Königsberg – das war eine geschäftige Stadt, wohlhabend, mit stolzen Bauwerken. Am Pregel drängten sich schmalbrüstig die Giebelhäuser und Fachwerkspeicher. Der Hafen brachte Geld. Brauereien und Gießereien, die Schichauwerft und Steinfurts Waggonfabrik gaben genügend Arbeit. In der „Hütte" am Steindamm oder in den Hafenkneipen tischte man für die Frühschicht die heißgeliebte, vielgeschmähte, majoranduftende Kuttelsuppe auf, den Königsberger Fleck. Und bei „E. Liedke, vorm. Petschkies" genoß man das goldbraun angebackene Königsberger Marzipan.

Jetzt fuhren wir durch die bedrückende Agglomeration aus lieblos aufgetürmtem Beton. Knapp 400 000 Menschen leben hier, Russen, Weißrussen, Ukrainer, Litauer – auch ein paar hundert neu zugewanderte Wolgadeutsche. In geschicktem Slalom lenkte Wjatscheslaw seinen alten Datsun an den unvermittelt aus dem Kopfsteinpflaster herausragenden Straßenbahnschienen vorbei, an halsbrecherischen Schlaglöchern oder deckellosen Gullis. „Die haben Sammler mitgenommen. Denn auf den Deckeln steht noch Steinfurt-Königsberg. Und alles, was mit Königsberg zu tun hat, steht heute bei uns hoch im Kurs!" lachte Wjatscheslaw, ein freundlicher Kollege vom örtlichen Fernsehen, der sich ein Zubrot als Taxifahrer verdienen muß. Seine Frau, erzählt er, fahre gelegentlich zum Einkaufen in den „goldenen Westen", ins nahe polnische Olsztyn, wo alles zu haben sei, und preiswert dazu. Die notwendigen Zlotys müsse sie sich dort auf dem Russenmarkt verdienen. „Bei uns sind die Läden noch immer leer. Und wir müssen Stunden Schlange stehen, um das zu bekommen, was uns auf Bezugsschein eigentlich zusteht. Aber oft gibt es nicht einmal das. Auf dem freien Markt sind die Preise so gestiegen, daß man sie nicht mehr bezahlen kann. Allein für Lebensmittel brauchen wir unseren doppelten Monatslohn. Kleidung und Schuhe nicht gerechnet", klagt Wjatscheslaw, während er über den innerstädtischen Hindernisparcours kurvt – vorbei an den Menschenschlangen vor den tristen Läden, vorbei an alten Frauen, die auf dem Bürgersteig ein paar Äpfel, Gurken oder Astern aus ihren Gärten feilbieten.

An diesem dritten Tag am Pregel erscheint der architektonische Alptraum schon weniger bedrückend. Die Gewöhnung beginnt, die sentimentale Betroffenheit zu verdrängen, die Irritation weicht sachlicherer Betrachtung. Königsberg wurde im Krieg zerbombt und zerschossen, es wurde verbrannt und verglüht, zermörsert und zermalmt. Es wurde nach dem Krieg zerschlagen, gesprengt, geschleift, planiert, verödet: Ganze Straßenzüge mit nur leicht angeschlagenen Gebäuden wurden als Baumaterial für andere zerstörte Städte im Mutterland abtransportiert. Erst Anfang der sechziger Jahre konnte man daran gehen, Wohnungen für die damals fast 300 000 Neubürger zu errichten, zunächst in schlichtestem Betonguß, später dann im stereotypen Plattenbau. Die Hauptsache war, die Planziffern stimmten, was den Funktionären zu ihren Orden verhalf. Der Stadt selber trug es 1971 den „Rotbannerorden der Arbeit" ein – für „vorbildhaften Aufbau"! Nach städtebaulicher Ästhetik hatte keiner gefragt – sie blieb bei der Beseitigung der Kriegsblessuren auf der Strecke.

Der Krieg: Er hatte Königsberg länger verschont als die meisten deutschen Städte. Erst im August 1944 warfen britische Bomberflotten in zwei infernalischen Nächten ihre Todesfracht über dem Pregel ab – das Herz der alten Stadt mit seinen historischen Bauwerken, mit Dom und Schloß, zerglühte im Feuersturm der Phosphorbomben.

Fünf Monate später begann die Rote Armee mit 250 000 Soldaten die Belagerung der Stadt, die der selbsternannte „größte Feldherr aller Zeiten" als Symbol des Deutschtums im Osten wahnwitzig zur Festung erklärt hatte. Zehn Wochen lang konnte General Otto Lasch mit 35 000 Mann diese „Festung" mit hohem Blutzoll halten. Erst am 10. April, als sich britische Artillerie schon auf Hannover einschoß, übergab Lasch Königsberg an die Russen, nachdem die gesamte Innenstadt in einem dreitägigen Sturmangriff in Trümmer geschossen worden war. In Moskau wurden aus 324 Geschützrohren 24 Salven Salut abgefeuert. 78 Soldaten erhielten den Titel „Held der Sowjetunion".

Buchhalterisch vermerkt das Kriegstagebuch des Oberkommandos der Wehrmacht für den 10. April, an dem Königsberg starb: „Widerstand in Königsberg zum Erliegen gekommen. Gegner spricht von Kapitulation. Kommandant der Festung war der General d. Inf. Lasch. Ihm standen 27 000 Mann der Besatzung zur Verfügung. 2960 feindl., 359 eigene Einsätze, 4 Abschüsse, 7 Verluste." Hitler bekam bei der Nachricht von der Kapitulation einen seiner gefürchteten Wutanfälle. Er ließ Lasch in Abwesenheit ohne Gerichtsverfahren zum Tode verurteilen. Die SS verhaftete seine Familie – als Festungskommandant kapitulierte man nicht!

„Wir treiben weiter, auf das Schloß zu", notiert Hans Graf von Lehndorff an jenem 10. April in sein Tagebuch. „Aus den Ruinen erhebt sich, wie ein Ausrufezeichen, der Turm, der Länge nach gespalten, von Geschossen zerfetzt, gekämmt, zerhackt." Es sei, als ob die „gute, alte ehrwürdige Stadt nur noch auf dieses grandiose Schauspiel gewartet habe, um dann zu verlöschen."

„Es forderte zum Fackeltanz Dich, gekrönte Vaterstadt, der grimme Tod ...", schrieb Agnes Miegel, die „Mutter Ostpreußen", in ihrem Abgesang auf Königsberg.

Wjatscheslaw war mit mir in die alten

Außenbezirke und Vorstädte hinausgefahren: Amalienau, Maraunerdorf, Ponarth und die anderen. Die Ränder hatte der Krieg verschont. Da träumt unter alten Bäumen noch die bürgerliche Gediegenheit der prosperierenden Jahrhundertwende – Gründerzeit und Jugendstil, ansehnliche Mietshäuser und Villen mit Türmchen, Erkern und Veranden. Der Putz bröckelt, die Farben sind in den Jahrzehnten des Mangels und der Gleichgültigkeit verblaßt. Doch unter der verhärmten Patina zeigt sich – im Dornröschenschlaf – ein Stück vom vertrauten Königsberg, auf das für die Angereisten noch das Raster der Erinnerung paßt.

Die Dorfkirche von Juditten, das älteste Gotteshaus im Samland, trägt heute auf ihrem Chordach einen vergoldeten Zwiebelturm mit dem doppelbalkigen Kreuz der Orthodoxen. Diese erstritten sich 1987 die Genehmigung, das zur Ruine verfallene Bethaus mit eigenen Händen wiederaufzubauen, zur großen 1000-Jahr-Feier der russischen Kirche. Der Ersatzreligion des wissenschaftlichen Materialismus dagegen war nicht einmal die Lebenskraft für ein einziges Jahrhundert gegeben.

An diesem Herbstsonntag drängen sich die Gläubigen in der Judittener Kirche. „Nach dem Scheitern der falschen Heilslehre des Marxismus suchen die Menschen nach den wirklichen Werten, die ihrem so lange sinnentleerten Leben wieder den eigentlichen Sinn geben“, sagt mir der orthodoxe Prior, Igumen Panteleimon. Der Duft von Weihrauch und von Honigkerzen, der fremdartige Wohlklang der liturgischen Gesänge, der goldene Abglanz der Ikonen erfüllen den Kirchenraum. Bärtige Popen schieben eine Wanne durch die gedrängt stehenden Menschen. Igumen Panteleimon schöpft mit vollen Händen das Taufwasser über ihre gesenkten Häupter. An die 100 Menschen mögen es sein, die das Sakrament empfangen – Neugeborene gemeinsam mit ihren Eltern und Verwandten, denen man ihr bisheriges Leben lang den Atheismus verordnet hatte.

Noch tut man sich beim staatlichen Reisedienst Intourist schwer damit, daß dieses Kaliningrad wieder eine Geschichte haben darf, die zurückreicht bis zu den Anfängen Königsbergs. „Die Geburt des Kaliningrader Bezirkes ist mit dem Sieg des Sowjetvolkes im Großen Vaterländischen Krieg verbunden“, heißt es noch im Geiste vergangener Zeiten in der Broschüre, die man eilends für die über die Stadt hereinbrechenden deutschen Touristen gedruckt hat. Diese so lange unbekannten Wesen aber suchen nach den Relikten der deutschen Zeit. So verweist denn die Broschüre darauf, daß Kaliningrad auch „einige Denkmäler der deutschen Kultur“ vorzuweisen habe.

Viele sind es nicht – vor allem in der einstigen Innenstadt nicht. Nur sechs Prozent ihrer Gebäude haben überlebt. Ein halbes Hundert Bauwerke hat man mittlerweile unter Schutz genommen. Da rumpelt durch das Brandenburger Tor noch immer die Straßenbahn über ihre ausgeschlagenen Gleise. Das Friedländer Tor hat die neue, aktive „Gesellschaft für deutsche Kultur-Eintracht“ in ein kleines Stadtmuseum verwandelt. Dem Schauspiel-

Die Luisenkirche hat als Puppentheater überlebt.

haus hat man einen pseudoklassischen Portikus aus korinthischen Betonsäulen vorgesetzt – das gibt dem Bau einen Schuß Moskauer Bolschoi-Theater. Die Kirche der Heiligen Familie hat als Städtische Philharmonie, die Luisenkirche als Puppentheater überlebt. Anderen Gotteshäusern waren profanere Schicksale beschieden. Die Kreuzkirche auf der Lomse-Insel verkam inmitten der innerstädtischen Betonwüste als Netzfabrik zur Produktionsruine. In ihr sollen demnächst wieder Gebete erklingen. Bei meinem Besuch waren vier Mitglieder der orthodoxen Gemeinde in dem noch dachlosen Kirchenschiff dabei, die für die Netzknüpfer eingezogenen Zwischendecken wieder herauszubrechen. „Wir wären schon viel weiter, wenn wir nur Baumaterial bekämen. Aber seit Wochen gibt es in der Stadt weder Zement noch Beton, weder Balken oder Bretter", klagte einer von ihnen in passablem Deutsch, das er sich in Eigenunterricht beigebracht hat. Immerhin: Auf den Kuppeln des Doppelturmes leuchtet schon das Gold der Andreaskreuze. Mit großer Gründlichkeit hatten die Geschichtstilger die Friedhöfe eingeebnet – selbst die toten Deutschen mußten noch besiegt werden. Und es gehörte schon ein makabrer Zynismus dazu, über den Gräbern an der Luisenkirche ausgerechnet einen Vergnügungspark anzulegen. Daß man die Ruhe der Verstorbenen mißachtet habe, verlange ein sichtbares Zeichen der Scham und Entschuldigung, fand der prominente Lokalpolitiker Nikolaj Chromenko. Er schlug vor, an der Kirche von Juditten mit Erde von allen planierten Friedhöfen eine symbolische Gedenkstätte anzulegen. „Wir haben dort schon ein großes Holzkreuz aufgestellt", sagte Igumen Panteleimon.

Ausgerechnet die Kasernen hatte der Krieg verschont – und das Landesfinanzamt. Seinen neuen Hausherren hatte man nach dem Moskauer August-Putsch 1991 die Büros versiegelt: dem Gebietskomitee der bis dahin allmächtigen KPdSU. In seine Räume zog die neue Verwaltung der Provinz ein, die das Exekutivkomitee ablöste. Auch im wilhelminischen Backsteingebäude des alten Polizeipräsidiums bangt man um die Zukunft – in ihm residiert der KGB. Selbst in das Nachbargebäude mit dem mächtigen Säulenportal, Sitz des Kommandos der Baltischen Flotte, ist die Verunsicherung eingezogen. Kapitän zur See Gennadij Saporoskij, hochdekorierter Politoffizier, schüttet mir in perfektem Deutsch unaufgefordert sein Herz aus. Niemand wisse, wie es mit den Marinebasen in den jetzt unabhängigen baltischen Staaten weitergehe. Und dann der Truppenabbau – natürlich seien auch sie dafür. Nur: Wer würde rechtzeitig an Vorsorge für die vielen betroffenen Familien denken? Von der jetzigen Führung sei da wenig zu erwarten.

Noch steht der erzgegossene Wladimir Iljitsch Lenin auf dem benachbarten Hansaplatz übermächtig auf seinem Sockel. Den Hansaplatz hatte man zwischenzeitlich nach einem gewissen Braunauer Gefreiten und Anstreicher benannt. Nach dessen jämmerlichem Abtritt von der Weltbühne hatte man ihn in „Platz des Sieges" umgetauft. Blickt der ideologische Urvater der Weltrevolution so säuerlich lächelnd auf seine vorüberhastenden Landsleute, weil er nach dem Scheitern seiner Heilslehre befürchten muß, daß seine Tage auch in Kaliningrad gezählt sind?

Vor dem Hochzeitspalast in Kaliningrad – der Start ins gemeinsame Leben wird wieder groß gefeiert.

Friedrich Schiller dagegen wird weiter von seinem Postament auf das Schauspielhaus schauen. Als „Dichter der Befreiung" hatten ihm noch die alten Machthaber den Namen auch in kyrillischen Lettern in den Sockel meißeln lassen. Sein poetischer Urahne Walther von der Vogelweide zupft neuerdings seine Harfe einsam vor der Domruine. Ihn fand man unter allerlei Schutt in einer Kirche. Eine neugegründete Vereinigung „Denkmäler Königsbergs" ist dabei, weitere verschwundene Skulpturen zu suchen, ihnen die nach dem Krieg abgeschlagenen Köpfe wieder aufzusetzen und sie – möglichst am alten Standort – wieder aufzustellen. Nach längerer Odyssee senken die berühmten „Kämpfenden Wisente" wieder ihre Dickschädel vor dem Eingang zum alten Landgericht. „Prächtige Tiere", begeisterte sich der Kaliningrader Schriftsteller Jurij Iwanow, „Symbole für Gut und Böse". Zwischen ihren Hinterbeinen glänzen fröhlich riesige Kugeln. Königsberger Studenten putzten sie jedes Jahr zu Weihnachten blank. Die Tradition scheint fortzuleben – das Metall glänzt, wie wenn es lebendig wäre! Jüngst haben Unbekannte besagte Kugeln mit Ölfarbe gelb lackiert.

Auf der Suche nach der Vergangenheit

КБ-0374

Als neue Nord-Süd-Magistrale zerteilt die achtspurige Rollbahn des Lenin-Prospekts die Konglomeration der Wohnsilos im einstigen Zentrum. Als Hochstraße überbrückt sie die beiden Pregelarme samt der Kneiphofinsel dazwischen. Diese früher engbebaute, quirlige Insel mit dem Häusergewirr der Brodbänken- und der Fleischbänkenstraße und dem halben Dutzend anderer Gassen war das Herz Königsbergs. Aber Bomben und Granaten ließen nur den steinernen Leichnam des Domes zurück – wie ein unübersehbares Memento für die Nachwelt. Verwaist steht die ausgebrannte, abgedeckte Kathedrale mit dem mächtigen Turmgiebel in einem schütteren Grün – über die Dominsel hat sich Friedhofsruhe gelegt.

Selbst die Ruine ist noch ein machtvolles Zeugnis norddeutscher Backsteingotik. Daß sie noch existiert, sei allein Immanuel Kant zu verdanken, meint Jurij Sabuga, ein dreißigjähriger Architekt, der mit Eifer für die Wiederherstellung des Domes und ein neues Stadtzentrum auf der Kneiphofinsel plädiert. „Mein Vater war als Artillerist an der Zerstörung Königsbergs beteiligt. Ich fühle da eine historische Verpflichtung für meine Generation. Die Polen haben mit Danzig, die Letten mit Riga gezeigt, wie man den Ansprüchen von Kleinodien der Weltarchitektur gerecht wird. Wir haben diese Chance vertan. Und selbst die Domruine wäre weg, gäbe es Kant nicht!“

Immanuel Kant – immer wieder fällt in dieser Stadt sein Name, wenn es um Anstöße geht, sich mit der Vergangenheit auseinanderzusetzen. Kants Ehrenstätte an der Außenwand des Domchores, die der Krieg wie durch ein Wunder unzerstört ließ, wurde schon früh zur Pilgerstätte für die Intellektuellen Kaliningrads. Als Kreml-Chef Leonid Breschnew bei einem Besuch am Pregel angesichts der Domruine forderte, doch „diesen faulen Zahn“ aus deutscher Zeit zu beseitigen, verhinderten deren mutige Proteste die Ausführung dieser Order.

Man entwarf Rettungspläne für das wundgeschlagene Gotteshaus. Man dachte an ein Museum oder eine Konzerthalle, mit einem Leichtdach auf den verbliebenen Wänden. Alles andere sollte „wie beim Colosseum in Rom“ in seinem zerstörten Zustand bleiben. Aber man hatte die bürokratischen Hindernisse unterschätzt. Am Ende blieb alles unvollendet liegen.

Auch die Hoffnungen, nach der Öffnung der Stadt großzügige Hilfe aus der Bundesrepublik zu bekommen, wurden nach den ersten realistischen Schätzungen der Rettungskosten gedämpft. Denn zusätzlich bereitet der sinkende Untergrund Schwierigkeiten – die vor 650 Jahren in die Pregelinsel gerammten Fichtenstämme unter den Fundamenten geben nach, unter dem schweren Turmgiebel mehr als unter dem Chor. Mußte man einst zum Hauptportal eine Treppe emporsteigen, führen heute Stufen abwärts zur vergitterten Ruinentür.

Man wird sich wohl mit der Sicherung der Ruine und Teilausbauten zufrieden geben – für eine europäische Begegnungsstätte und ökumenische Andachtsräume. Einen ersten, überkonfessionellen Gottesdienst hatte

Seite 80/81: Der Hafen von Kaliningrad soll die wirtschaftliche Schlagader der geplanten Freihandelszone Jantar werden.

Auf deutsche Heimwehtouristen eingerichtet – fliegende Händler verkaufen vor der Domruine nostalgische Königsberg-Kalender.

Ostern 1991 der frühere Domprediger Reinhold George in der Ruine gehalten. Seine Fürbitte, der Geist dieser Kirche, die den Himmel zum Dach habe, möge bald wiederbelebt werden, wurde in russisch, polnisch und litauisch wiederholt. Der „faule Zahn", der den alten Machthabern ein Ärgernis war, soll als Mahnmal für den Frieden und als Ort der Verständigung zwischen den Völkern und Konfessionen zu neuem Leben erweckt werden.

Bei einem anderen Königsberger Wahrzeichen, dem Schloß mit der Krönungskirche der Preußenkönige, hatte Breschnews Widerwillen gegen deutsche Symbole Erfolg. Willfährig schleifte der Stadtsowjet mit Dynamit, was Bombenhagel und Stalinorgeln von der „Brutstätte des Imperialismus" übriggelassen hatten. Demonstrativ zog man mit dieser Inszenierung den Schlußstrich unter 700 Jahre deutscher Präsenz in Ostpreußen.

Im frostklirrenden Winter 1255 war das Heer der Kreuzritter über das vereiste Frische Haff ins Samland eingefallen. Neben dem Gotteslohn für die Gewinnung von heidnischen Pruzzenseelen hatte sie auch der begehrte Bernstein für die Paternosterdreher an die Samlandküste gelockt. Mit Schwert und Brandfackel waren die Ordensstreiter bis an den Pregel vorgedrungen. Hier setzten sie eine eigene Festung an die Stelle der pruzzischen Fliehburg Tuwangste – um sie herum wuchs Königsberg.

Bitterer Sarkasmus der Historie: Auf demselben Weg über dasselbe vereiste Haff, auf dem die Deutschen als Sieger ins Land gekommen waren, mußten sie es 700 Jahre später als Geschlagene wieder verlassen – im Winter 1945, in der apokalyptischen Flucht der endlosen Trecks über das Haff. Das Eis wurde für Hunderttausende zur letzten Rettung – und für Zehntausende zum Grab.

Ein Augenzeuge berichtete: „Das Eis krachte, Wasserfontänen gischteten in die Höhe. Pferde bäumten sich auf, gingen durch und machten das Durcheinander zum Chaos. Verwundete schrien um Hilfe. Wagen stießen zusammen, blieben liegen oder versanken mit Pferden und Menschen zwischen den Eisspalten, die immer breiter wurden, in der See. Immer wieder griffen die Russen an. Nach den Bombenwürfen flogen sie dicht über uns hinweg und feuerten mit ihren Bordwaffen. Das Eis war mit toten Menschen und Pferden übersät. Das Blut der Getöteten und Verwundeten stand in großen roten Lachen auf dem Eis, in das die Bomben riesige Löcher gerissen hatten. Ich sah Mütter, ihre Kinder fest an sich gepreßt, mit Entsetzensschreien auf den Lippen im Meer versinken. Ich sah alte Männer stumm und klaglos sterben."

700 Jahre davor: Der Einladung des Ordenshochmeisters Poppo von Osterna zur „Preußenreise" ins Samland 1255 war der höchste Adel des Abendlandes gefolgt. Selbst Böhmenkönig Ottokar II., einen Enkel Kaiser Barbarossas, hatte es – nach gottgefälligem Ritterruhm dürstend – mit seinem großen Reitertroß ins Heidenland gezogen. Ihm zu Ehren nannte man die neue Burg am Pregelufer Conningsbergk.

Als Sitz des Obersten Marschalls, des Kriegsministers des Ordens, blühte Königsberg schnell auf – es wurde Sammelplatz und Arsenal für dessen jährliche, berüchtigte „Litauer-Reisen". Denn diese späten Ostkreuzzüge verkamen letztlich zu einer fragwürdigen Mischung aus blutigem Adelssport und Machtpolitik, aus Abenteuerlust, Gewinnsucht und religiöser Schwärmerei. Man holte sich die Ritterweihen oder bestätigte sein Rittertum mit dieser Heidenjagd. Peter Suchenwirt, als zeitgenössischer Herold ritterlichen Ruhmes ein glaubhafter Kriegsberichter, notierte über die Litauer-Fahrt 1377 die Verse:

„Die Heiden aber schrien sehr
in ihrem Busch, da sie in Not,
wenn man schlug ihrer viele tot.
Gefangen wurden Weib und Kind,
das war ein traurig Hofgesind ...
Ein Tanz mit Heiden war getreten,
daß ihrer sechzig blieben tot.
Danach ihr Dorf vom Feuer rot,
daß es hoch in die Lüfte brannt ..."

Diese grausamen Verheerungszüge des 14. Jahrhunderts gehörten – so Ordenshistoriker Harald Boockmann – zu den „standardisierten Bewährungen ritterlicher Lebensart". Neben dem blutigen Handwerk der gar nicht mehr so frommen Rittersleut kam auch die Lustbarkeit nicht zu kurz: „Danach zog man nach Königsberg, dort eilten die Herren um die Wette, die Gäste zu laden. Es wurde in höfischer Weise wohl gelebt, zuletzt kam die Reihe an den edlen Herzog, er gab das Mahl auf dem Schlosse. Vor jedem Gange der Mahlzeit wurde mit Posaunen und Pfeifen geblasen, es war Überfluß an gewürzten und vergoldeten Gerichten, an Gebackenem und Gebratenem, und wurden dazu welscher und österreichischer Wein und klarer Reisal in goldenen und silbernen Gefäßen geschenkt." (Gustav Freytag)

Mit Königsberg verbinden sich aber auch Niedergang und Ende des Ordens. Die Stadt wird zu einem Altenteil, als Hochmeister Ludwig von Erlichhausen 1457 die Marienburg dem Polenkönig Kasimir IV. überlassen muß. Das Schloß am Pregel wird neuer Hochmeistersitz – dem Orden verbleibt nach dem Krieg gegen den Preußischen Bund nur noch ein kleines Stück Ostpreußen von seinem einst so großen Reich. Er ist so verarmt, daß sich Hochmeister Erlichhausen – wie eine Chronik vermerkt – nicht einmal mehr einen Hofnarren halten kann. Mildtätig stiftet ihm der Rat der Stadt Königsberg bei seiner Ankunft zwei Faß Bier.

Am Pregel schlägt schließlich auch die Sterbestunde des Ritterbundes, der so machtvoll 200 Jahre lang die Geschichte Nordosteuropas bestimmt hatte. Hochmeister Albrecht von Brandenburg, ein Hohenzoller, der sich der Lehre Martin Luthers anschließt, folgt 1525 dessen Rat und verwandelt den unzeitgemäß gewordenen Ordensstaat in ein weltliches Herzogtum. Damit war die Stadt zur Wiege des späteren Staates Preußen geworden, dessen zweites Herz sie stets blieb.

Am 18. Januar 1701 setzte sich der Brandenburger Kurfürst Friedrich III. am Pregel eigenhändig die neue preußische Königskrone aufs Haupt, wobei – wie ein respektloser Chronist vermerkte – Gemahlin Sophie Charlotte die feierliche Zeremonie durch allzu lautes Tabakschnupfen störte. Anschließend krönte der neue König von eigenen Gnaden auch diese. Generös ließ er 6000 Taler in kleinen Münzen unters Volk streuen. Aus zwei Brunnen floß roter und weißer Wein für die Königsberger, und am Spieß briet für sie ein „Huldigungsochse mit Hörnern und Klauen, welche verguldet waren, gefüllet mit Hühnern, Gänsen und Enten". Der neue Kronprinz wurde zum Rektor der Albertina ernannt – im zarten Alter von zwölf Jahren.

Breschnews Order hatte das steinerne Zeugnis des Werdens von Preußen für alle Ewigkeit beseitigt. An die Stelle des Schlosses setzte man das Wahrzeichen der neuen Macht – das „Haus der Räte" – einen gigantomanischen, neunzehngeschossigen Doppelklotz aus grauem Beton. Doch was als stolzes Monument der Arbeiterklasse gedacht war, blieb die „große Unvollendete". Irgendwann stellte man die Bauarbeiten ein. Jetzt hofft man, daß Westfirmen die gespenstische Neubauruine noch in ein Bürotel verwandeln können, für alle die Unternehmen, die das Projekt „Jantar" an den Pregel locken soll. Jantar heißt Bernstein. Dahinter verbirgt sich die große Zukunftshoffnung der bisher sträflich vernachlässigten Region mit ihrer maroden Wirtschaft: die Konversion einer verschlossenen Militärprovinz in eine neue, weltoffene Freihandelszone – in ein Hongkong am Ostseestrand.

„Wir wissen genau, daß wir hier auf absehbare Zeit keine Waren produzieren können, mit denen wir auf dem Weltmarkt konkur-

rieren können", hatte mir Professor Jurij Matotschkin, Chef der neuen Provinzverwaltung, bei meinem Besuch in Kaliningrad gesagt. „Wir können nur unsere geographische Lage vermarkten, unseren eisfreien Hafen mit seinen 15 Kilometern Kais und unser Hinterland. Wir müssen Bedingungen schaffen, die für westliche Investoren interessant sind. Betriebe mit mehr als 30 Prozent Fremdkapital müssen von Steuern und Zöllen befreit werden."

Matotschkin hat einen eifrigen Mitverfechter des Jantar-Projekts: F. Wilhelm Christians, den Aufsichtsratsvorsitzenden der Deutschen Bank. Christians hatte als junger Oberleutnant 1945 miterlebt, wie diese „symbolhafte Stadt in einer schrecklichen Schlacht in Schutt und Asche versank, und wo ich das Scheußlichste erlebte, was Menschen und Völker im Haß einander antun können".

„Die Region verfügt über kurze See- und Landverbindungen nach Polen, Skandinavien und Westeuropa", so Christians. „Sie ist der beste Standort für die Aufbereitung und Weiterverarbeitung der Rohstoffvorkommen der Kola-Halbinsel. Der Hafen wäre eine exzellente Basis dafür." Außerdem seien deutsche Investoren eher für das ehemalige Königsberg zu gewinnen als für Sibirien. „Von einem Kaliningrad der europäischen Begegnung und des ökonomischen und technologischen Austausches ginge große Symbolkraft für die Völkerverständigung aus."

Als Christians die Frage nach einer solchen Freihandelszone 1988 dem damaligen sowjetischen Ministerpräsidenten Nikolaj Ryschkow stellte, beschied ihn der scherzend-schulmeisternd: „Stellen Sie diese Frage in den nächsten 40 Jahren nicht noch einmal!" Schon kurze Zeit später hatte die Geschichte Ryschkow überholt – Boris Jelzin gab grünes Licht für die Sonderzone.

Von dem unvollendeten Koloß der nicht mehr existenten Räte blickt man über die Kneiphofinsel zur alten Börse. Ausgerechnet diese „Kathedrale des Kapitalismus", die wie ein prächtiges, steinernes Hausschiff am Pregelufer liegt, hat Krieg und Sozialismus in ihrer alten, äußeren Pracht überlebt – als „Klubhaus der Seeleute". Seit sich die Kommandowirtschaft auf leisen Sohlen unter Hinterlassung eines ökonomischen Chaos davongemacht hat, werden in ihrer Säulenhalle wieder Kurse notiert und Millionengeschäfte getätigt – nunmehr mit Computer-Hilfe. Igumen Panteleimon hatte bei der Wiedereröffnung der Börse im Herbst 1991 das Weihwasser über die versammelten neuen Finanzjongleure gesprengt und dabei den Segen Gottes und die Hilfe der Engel herabgewünscht, damit die Wirtschaft der Region aufblühe – zum Vorteil aller ihrer Bewohner.

Der 1978 aus Kasachstan zugewanderte, deutschstämmige Wladimir Jahnke, Inhaber der Handelsfirma „Königsland" und Mitbegründer der Gesellschaft „Eintracht", gehört zu den Initiatoren der neuen Börse. „Wir wollen zunächst Rohstoffe handeln, Erze von der Kola-Halbinsel, Kohle aus dem Kusbas, Holz aus Sibirien, Öl, das wir inzwischen auch aus dem ostpreußischen Untergrund pumpen. Später werden Wertpapiere fol-

Ein letztes Stück Erinnerung an Königsbergs einstige Pracht – die Börse.

gen", begeisterte sich der vierzigjährige Jungunternehmer vor Journalisten. Doch zu den neuen Gesichtern gesellen sich zunehmend die der früheren Nomenklatura mit ihrem für Westpartner interessanten Geflecht alter Beziehungen. So betätigt sich einer der Obergenossen des aufgelösten Exekutivkomitees mit großem kapitalistischen Elan als Broker und Finanzmakler.

Wjatscheslaw war mit mir zu dem riesigen Wohnriegel oberhalb der „Ruine der Räte" hinaufgefahren. Blitzblank gewienerte Limousinen, geschmückt mit Luftballons, Blumen und ineinander verschlungenen Goldringen, warten vor dessen Betonsäulenportal. Wogende Brautschleier, feierliche Anzüge und üppige Buketts posieren vor den Fotografen. Das „Haus des Glücks" – auch respektlos die Hochzeitsfabrik genannt – bietet von der amtlichen Trauung bis zum Festschmaus alle „Dienstleistungen" für den Start ins gemeinsame Leben. Eines der jungen Paare treffen wir an der Domruine wieder: Die Braut legt am Sarkophag des ewigen Junggesellen Immanuel Kant eine Handvoll Blumen aus ihrem Hochzeitsstrauß nieder.

„Viele von uns ehren Kant an ihren eigenen Festtagen", läßt mir der Bräutigam übersetzen. „Studenten der Handelshochschule bringen noch immer zu seinem Geburtstag die traditionelle Bohnentorte ins Kant-Museum." Dieser Brauch geht auf das klassische Gedächtnismahl zurück, zu dem sich die Königsberger Kant-Verehrer jeweils am 22. April versammelten – die in der Torte versteckte Bohne war damals aus purem Silber. Wer sie auf seinem Teller fand, mußte im folgenden Jahr als Bohnenkönig die Kant-Laudatio halten.

Es hatte drei Jahrzehnte dialektischer Akrobatik gebraucht, bis die Parteiideologen den großen Prediger der Reinen Vernunft an Marx und Lenin angepaßt hatten. „Kant, der die Ideologie des feudalen Absolutismus verurteilt", so das Resultat der späten Vereinnahmung, „war auch ein Wegbereiter der marxistischen Wissenschaft. Er zählt zu den großen Denkern, welche Marx die Lehrer der Menschheit nannte. Dank des Marxismus ist heute alles historisch Wertvolle und Perspektivische in Kants Lehre wirksam geblieben". Nach diesem Arrangement erlaubte die Partei 1974 zum 250. Geburtstag des Philosophen die Einrichtung eines Kant-Museums in der Universität.

Mit großer Leidenschaft hat die glühende Verehrerin des Philosophen, Olga Krupina, alle erreichbaren Kantiana für das Museum zusammengetragen, was ihr bei den Kollegen den Beinamen „Witwe Kants" eingebracht hat. Viel ist nicht mehr da an authentischen, persönlichen Erinnerungsstücken aus dem Alltag des Gelehrten, der sich jeden Morgen Punkt fünf Uhr wecken ließ, und der auch das Karten- und das Billardspiel, den Klatsch in den Königsberger Salons und das gute Essen nicht verschmähte, vor allem den Kaviar seines Verlegers aus Riga nicht.

In dem Museum steht auch ein halbes Tausend Bücher aus der berühmten, mit Kriegsende verschwundenen Wallenrodtschen Bibliothek aus dem 16. Jahrhundert. Olga Krupina entdeckte Teile davon in der Kirche von Uskoje bei Moskau, die dem KGB als Geheimdepot für „Deutsche Archive" diente. In dem Gotteshaus stapelt sich – ungeschützt vor Feuchtigkeit, Tauben und Ratten – in unsortierten Bergen gut eine halbe Million

Vorrat für den Winter – Kohl gehört in Kaliningrad zu den Hauptnahrungsmitteln.

Bücher aus ostdeutschen Bibliotheken. Rund 10 000 Werke aus der Wallenrodtschen Bibliothek konnten dort bereits registriert werden.

Die „Kant-Witwe" freut sich schon auf das Jahr 1992. Dann soll ein Nachguß der verschollenen Kant-Statue von Christian Rauch vor der Universität aufgestellt werden. Das Original hatte man nach den Bombennächten 1944 nach Friedrichstein evakuiert, wo Marion Gräfin Dönhoff es vor der Flucht noch im Schloßpark gesehen hatte. Ob es dann, wie Kaliningrader Lokalhistoriker vermuten, zusammen mit dem bronzenen Bismarck und mit Herzog Albrecht als Material für das riesige Stalindenkmal der Stadt eingeschmolzen wurde, läßt sich nicht mehr rekonstruieren. Für den rechten Stiefel des Diktators, so erzählt man, habe die Bronze beim Guß nicht mehr gereicht. So habe man nachträglich noch ein paar erzene Engel vom Luisenfriedhof in die Schmelze gegeben.

In die Suche nach dem Kantdenkmal wurde auch Gräfin Dönhoff eingeschaltet. Sie machte eine Gipsform des Modells im Charlottenburger Schloß aus. Mit Spenden aus der Bundesrepublik fertigt ein Berliner Bildhauer nach diesem Modell einen Neuguß an, der 1992 auf dem aufgefundenen alten Sokkel aufgestellt werden soll. „Kant, der

Königsberg zu seinen Lebzeiten nie verlassen hatte", notierte der an der Suche beteiligte Schriftsteller Jurij Iwanow, „wird an einem Ort, wo er nie war – in Berlin – zu neuem Leben erweckt. Er wird der erste Königsberger sein, der für immer nach Königsberg, in seine Heimat, zurückkehrt."

Der weißmähnige Literat Iwanow, der sich als Vorsitzender von Kulturorganisationen und als Abgeordneter des Gebietssowjets nach den Jahrzehnten der totalen Isolation schon früh um Anschluß an die übrige Welt bemühte, gesteht freimütig ein, daß er selber mit Feuereifer deutsche Skulpturen enthauptet hatte, als er 1945 blutjung als Regimentstrommler in das zerstörte Königsberg kam. Er forderte dann als einer der ersten, der Stadt ihre geraubte Geschichte zurückzugeben. Voller Leidenschaft fahndete er nach ihrer deutschen Vergangenheit, nach dem seit 1945 verschollenen, legendären Bernsteinzimmer wie nach anderen verschwundenen Königsberger Kulturdenkmälern und Archivalien. Inzwischen hat man für diese Fahndung eine eigene Behörde unter der Leitung der Archäologin Jelena Storoschenka eingerichtet.

„Jahrzehnte lang haben wir hier das dumme Spiel betreiben müssen, auf diesem Boden habe es vor 1945 keine Geschichte gegeben", sagt Iwanow, als wir zwischen Bücherbergen in seinem behaglichen, alten Stadtrandhaus sitzen. „Wir müssen uns jetzt endlich der Geschichte stellen, wenn wir nicht zulassen wollen, daß diese Stadt durch ihre Geschichtslosigkeit zur Seelenlosigkeit verdammt bleibt. Was da große Hoffnungen macht, ist die junge Generation mit ihren Fragen nach den Wurzeln ihrer Heimat."

Wadim Chrappa, ein junger Maler, beschreibt die Identitätssuche so: „Unsere Eltern haben noch irgendwo ihre Heimat, an die sie sich erinnern, ihre Liebe und Treue zu den Birkenwäldern, Zwiebeltürmen und Bastschuhen irgendwo in Belorußland, an der Wolga oder hinter dem Ural. Wir aber, ihre Söhne und Töchter, haben unsere Heimat hier, an diesem rauhen Bernsteinmeer, in dieser unglücklichen, ausgeraubten Stadt, untrennbar verbunden mit deren Schicksal, deren Vergangenheit und Zukunft. Gebt uns ihre Geschichte zurück – unsere Geschichte! Ihr braucht ihr nicht gewaltsam ihr Gesicht zu entstellen. Wir wollen sie so, wie sie war!"

Doch es ist nicht nur die deutsche Geschichte, die man wieder aus Archiven holt und aus dem Erdboden gräbt, wobei man auch die an den 110 000 bei Kriegsende in der Stadt verbliebenen deutschen Zivilisten begangenen Grausamkeiten nicht ausläßt. Es ist auch der alte Name der Stadt. „Dein Name sei Königsberg", schrieb Jurij Iwanow im Oktober 1991: „Wir sagen zwar Kaliningrad, meinen aber Königsberg." Iwanows Artikel stand im *Kjonigsbergskij Kurier*, den der Schriftsteller Wolf Dolgij seit 1991 herausbringt – gelegentlich mit einer deutschsprachigen Seite. Auch Dolgij selber fordert: „Dieser Ort hieß einmal Königsberg, und er muß auch wieder so heißen!" Über 30 000 Unterschriften hat man schon für den alten Namen gesammelt. Ein bereits beantragtes Referendum hat man vorerst noch vertagt.

Valerij, einen Germanikstudenten, treffe ich in der gerade zum „Museum für Kultur und Geschichte" umgebauten alten Stadthalle. Dort zeigt man eine Ausstellung ostpreußischer Künstler, für die das „Ostpreußische

Veteranen des Zweiten Weltkrieges – die erste Generation der Kaliningrader.

Landesmuseum" in Lüneburg und das „Haus des Ostens" in Düsseldorf die Exponate geliefert haben: Käthe Kollwitz ist dabei, Lovis Corinth, die Künstlerkolonie Nidden. Berührungsängste hat man heute nicht mehr bei der einst als revanchistisch verteufelten „Landsmannschaft Ostpreußen".

„Endlich ist das möglich", freut sich Valerij, und er fügt in fließendem Deutsch hinzu: „Der alte Name wäre ein wichtiges Signal an den Westen, uns zu helfen, kulturell wie ökonomisch. Ich hoffe, es dauert nicht mehr lange, daß ich mir auf dem Bahnhof genauso einfach eine Fahrkarte Königsberg – Berlin kaufen kann wie jetzt von Kaliningrad nach Moskau." Und Valerijs Freundin Katja fügt lachend hinzu: „Bei uns Studenten heißt es nur, ich wohne in König."

Zumindest einer blickt finster auf die graue Stadt, die nicht mehr Kaliningrad heißen will: ihr Namenspatron, der Genosse Michail Iwanowitsch Kalinin auf seinem hohen Granitsockel vor dem Hauptbahnhof. Ob es den willfährigen Handlanger Stalins tröstet, daß er das Schicksal mit seinem großen Genossen Lenin teilt? Leningrad heißt seit November 1991 wieder St. Petersburg.

Bernstein-land und ein Stück baltischer Sahara

Der eigentümliche Zauber der Dünenwelt hatte sogar den nüchternen Staatsmann Wilhelm von Humboldt ins Schwärmen gebracht: „Die Kurische Nehrung ist so merkwürdig, daß man sie ebenso gut als Spanien oder Italien gesehen haben muß, wenn einem nicht ein wunderbares Bild in der Seele fehlen soll", hatte er in einem Brief geschrieben.

Solch schwerwiegenden Verzicht wollte ich meiner Seele nicht zumuten. So waren wir nach Zelenogradsk aufgebrochen, dem früheren Cranz, hinter dem die hundert Kilometer lange Sandsichel der Nehrung beginnt. Doch ein Schlagbaum versperrte die Weiterfahrt: Eine schriftliche Genehmigung irgendeiner Behörde in Kaliningrad war für die Erkundung des kurischen Dünenwunders vonnöten. Für diesen Tag mußte meine Seele sich mit dem samländischen Meeressaum bescheiden. Doch sie hatte wenig Anlaß, sich am Abend beschwert zu zeigen: Auch die Bernsteinküste bot ihr Bilder von einmaliger Großartigkeit. Bis auf 60 Meter wachsen ihre Steilufer aus dem Meer empor.

Cranz war das größte Seebad Ostpreußens. Es lag für die Königsberger nahe genug als Ziel für den Sonntagsausflug – die über Schischkenglut aus Tannenzapfen geräucherten Flundern gehörten – warm aus dem Rauch – zum Ritual solcher Sonntagstouren.

„An dieser Bucht hab ich als Kind gespielt.
Der Sand war sonndurchglüht und weich
und warm.
Geborgen wie in einer Greisin Arm,
lag ich am Hang der Düne ...",

dichtete die Königsbergerin Agnes Miegel.

Die stattlichen Villen und Pensionen haben die letzten 50 Jahre überraschend gut überlebt – als Offiziersheime, Domizile für KGB-Kader, Datschas für die Privilegierten der Nomenklatura. Für diesen Herbst stand in Cranz der 175. Geburtstag der Stadt an – er sollte als „Tag der Wiedergeburt" gefeiert werden. Man gründete eine Gesellschaft, die sich um die „Wiederherstellung des historischen Stadtbildes" kümmern soll.

Die Fahrt an der Küste westwärts führt durch eine kuppige Landschaft von verhaltenem Liebreiz. Im Galtgarben steigen diese Hügel bis zu 110 Meter an. Auf diesem höchsten Berg soll Samo, der Sohn des Pruzzenedlen Waidewut, seine Burg gehabt haben: „Er bawete auff einem mächtigen Sandpergk, der das meiste beschüttet wardt, eine Feste, die nannte er Gailtegarwo." Lag hier, auf dem höchsten Berg des Samlandes, das legendäre Romowe, das zentrale Heiligtum des Pruzzenvolkes mit seinen Götterbildern im Eichentempel? Immer wieder bieten die bewaldeten Steilufer Logenplätze für das dramatische Wolkentheater, das sich mit seinen schnellen Szenenwechseln über dem brandenden Meer abspielt.

In Pionerskij, das Neukuhren war, empfängt uns ein düster dreinschauender Lenin aus grauem Beton. Der einstige Kurort mit seinem idyllischen Fischerhafen im Schutze der Wanger Spitze hat sich in ein tristes Zentrum der Hochseefischerei verwandelt. Hinter neuen Molen dümpeln ganze Flotten rosten-

Ein Stück vom Palast Jurates – Bernsteinsammler an der Samlandküste.

Seite 92/93: Vom Abbruch bedroht – die Steilküste bei Rauschen (Swetlogorsk).

der Fangschiffe. Am liebsten würde man die ganze staatliche Fischerei mit ihrem jährlichen Fang von 600 000 Tonnen privatisieren. Zehn Prozent der Aktien sollten beim Staat bleiben, alle anderen Anteile hofft man, an die Arbeiter zu verkaufen. Aber noch wußte niemand so recht zu sagen, ob diese überhaupt kaufen würden.

Auch die Agrarfabriken der Kolchosen und Sowchosen, an denen wir vorbeifahren, würden die neuen Wirtschaftsplaner lieber heute als morgen unter den Bauern aufteilen, berichtet mir Wjatscheslaw. Aber das Echo sei nicht gerade ermutigend – woher sollten die neuen Privatbauern Maschinen und kleinere Traktoren für die Feldbestellung nehmen? In den Kolchosbetrieben gäbe es nur Großgerät und schwerste Schlepper. „Jetzt bräuchten wir die Pferde. Eine halbe Million soll es hier einmal gegeben haben – heute ist kaum noch ein einziges da. Jasnaja Poljana – damals hieß es Trakehnen – ist ein Rinderkolchos!"

Heute setzt man große Hoffnungen auf die Wolgadeutschen aus Kirgisien und Kasachstan, von denen sich immer mehr im Gebiet Kaliningrad ansiedeln. „Die graben buchstäblich mit dem Spaten ihre Äcker um", hatte am Vorabend im Hotel ein ostpreußischer Bauer erzählt, der auf seinem alten Hof bei Romanovo (Pobethen) eine gerade aus Kasachstan zugewanderte Familie altschwäbischer Abstammung vorgefunden hatte. „Würden wir uns die wolgadeutschen Bauern in unser Gebiet holen, gäbe es in St. Petersburg und Kaliningrad genügend zu essen", hatte der Petersburger Bürgermeister Sobtschak im Herbst 1991 erklärt.

Etwa 8000 Deutschstämmige seien schon da, hatten wir von Wiktor Hoffmann erfahren. Hoffmann – selber Wolgadeutscher und Initiator der „Deutschen Kulturgesellschaft Eintracht" in Kaliningrad – wirbt mit großem Einsatz für die Umsiedlung ganzer Dörfer aus den asiatischen Republiken. „Das ist hier doch die deutsche Erde unserer Vorvoreltern. Für uns gab es nur hierher, als wir aus Kirgisien weg mußten – eine Wolgarepublik kriegen wir doch nie", sagte Jakob Görzen, der mit 30 Familien aus seinem alten Dorf eine neue Heimat nahe Trakehnen, auf der Kolchose „Heller Teil", gefunden hat. „Haut bloß hier ab, solange ihr noch euren Kopf auf den Schultern habt, hatte man uns da unten gedroht. Das hier aber war mal Deutschland. Von hier kann uns niemand vertreiben. Vielleicht kehrt das Land ja wieder nach Deutschland zurück!" fügte die Lehrerin Ida Dischke hinzu. 200 000 „Landsleute" könnten kommen, hatte Hoffmann gesagt, das würde dem Königsberger Gebiet nur gut tun. Jurij Matotschkin, der neue Gouverneur der Oblast, hätte nichts gegen die Einwanderung fleißiger Neubürger – vor allem dann nicht, wenn Bonn sich dafür mit Finanzhilfen erkenntlich zeigen würde.

Dann Rauschen, heute Swetlogorsk: die Perle der Samlandküste. Mit seinen von Bäumen überwachsenen alten Fachwerkvillen zeigt der Ort noch viel von dem Charme des gediegenen Familienbades – auch wenn Thomas Mann 1928 nach einem Tag in Rauschen apodiktisch befand: „Dies ist ein ziemlich triviales Ostseebad, wie es viele gibt!" Der Lübecker suchte sich lieber auf der Kurischen Nehrung einen Platz für sein Sommerrefugium.

In Rauschen hatte mit großem Erfolg gerade

Das Kurische Haff war das größte Brackwasser Deutschlands.

die ostpreußische „Dittchenbühne" aus Elmshorn gastiert, mit Sudermanns „Johannisfeuer" in deutscher Sprache – mit russischer Inhaltsangabe vor jedem Akt. Beide Aufführungen im „Theater der Roten Armee" waren ausverkauft. Der Erlös floß dem „Deutsch-Russischen Kinderzentrum Rauschen" zu, das der Leiter der „Dittchenbühne", Raimar Neufeldt, einen Monat zuvor mit aus der Taufe gehoben hatte. 20 Kinder einer Grundschulklasse erhalten hier ihren Unterricht in deutscher Sprache.

Ein Lift bringt uns hinunter zur Uferpromenade, die an diesem Oktobertag ganz den Kriegsveteranen mit ihren imposanten Ordensplatten auf dem Jakett gehört. Der Strand unter der steil aufragenden Küste ist arg geschrumpft. Von den alten Buhnen blieben nur verrottete Stümpfe. Sie können den wandernden Sand nicht mehr festhalten. Die Ostsee, die sich hier sehr unbändig zeigen kann, nagt heute ziemlich ungehindert am Fuß des Steilufers.

Das „Sambische Ufer" der Alten – die Bernsteinküste: Jurate, die Prinzessin des Baltischen Meeres, so erzählt die Sage aus pruzzischer Zeit, hatte den jungen Fischer Kastytis mit in ihren Bernsteinpalast auf den Ostseegrund genommen. Das mißfiel dem ewig zürnenden Donnergott Perkunos – er schleu-

Die blauen Fischerhäuschen sind charakteristisch für das Nehrungsdorf Nidden (Nida).

derte seine Blitze in die Wogen, zerstörte das Palais und tötete den Geliebten der Prinzessin. Jurate weinte bitterlich; ihre geronnenen, honiggelben Tränen spült die See noch immer an den Strand – Tränen aus Bernstein. Auch größere Brocken sind dabei: Trümmer ihres submarinen Palastes.
Der betrübten Prinzessin müssen die Zähren ohne Unterlaß geflossen sein. Die Herbststürme 1862 hatten allein bei Palmnicken zwei Tonnen des fossilen Harzes eozäner Nadelbäume angespült. Der bisher größte Brocken von Jurates Meeresschloß wog zwölf Kilogramm! Den Sammlern, die wir an diesem Vormittag die dicken Lagen von Seegras am Strand vor Brüsterort (Majak) zerfingern sahen, war so reicher Segen nicht beschieden – es reichte gerade für ein paar gute Hände voll kleiner und mittlerer Stücke. Der legendäre Pharao Tutanchamun trug in seiner Krone einen mit Diamanten, Rubinen und Smaragden eingefaßten Ostsee-Bernstein. Die Aestier, die nach den ältesten Berichten am „nördlichen Meer" gesessen haben, müssen dieses Kleinod schon von der Weichselmündung an den Nil geliefert haben – vor fast dreieinhalbtausend Jahren! Später wissen wir von schwunghaftem Bernsteinhandel in alle – damals bekannte – Welt. Phönizier, Araber, Griechen und Römer

gehörten zu den Kunden. Truso, die Wikingerstadt am Drausensee, aus der später Elbing wurde, war der wichtigste Umschlagplatz. Drei Bernsteinstraßen führten an das Mittelmeer und nach Byzanz. In Breslau, das am Exportwege nach Aquileja lag, wurde bei Ausgrabungen ein Umschlaglager mit 30 Zentnern Rohbernstein gefunden.

Es konnte nicht ausbleiben, daß das Gold des Nordens die nach lukrativen Einnahmequellen suchenden Ordensritter begehrlich machte. So sicherten sie sich bei der Eroberung der Bernsteinküste das Monopol auf die kostbaren Tränen der Jurate. Die Strandbewohner wurden verpflichtet, nur für den Orden Bernstein „zu sammeln, zu schöpfen, zu stechen und zu fischen“. Der Fund mußte bis zum letzten Stück bei bestimmten Beamten in Balga, Fischhausen und Lochstädt abgeliefert werden. Wer gegen dieses „Regal“ verstieß, riskierte, am nächsten Baum aufgeknüpft zu werden – zur Abschreckung standen Galgen direkt am Strand. Dieses Monopol auf den Rohstoff für die Rosenkränze der ganzen Christenheit füllte lange die Kassen des Ordens.

Palmnicken heißt heute Jantarny – Bernsteinort. Hier hatte man vor gut hundert Jahren damit begonnen, das versteinerte Harz im Tagebau mit Großbaggern und Förderbändern aus der „blauen Erde“ – einer durch Glaukonit gefärbten Tonschicht – ans Tageslicht zu holen. Die Russen haben diese industrielle Schürfe nach dem Schatz der Jurate weiter ausgebaut. Mit Hochdruckdampf pressen sie heute den Bernstein aus der Blauerde. 800 Tonnen Rohware produziert die Grube pro Jahr. Nur ein geringer Teil davon wird zu Schmuck verarbeitet. Das meiste wandert als Rohstoff in die chemische und pharmazeutische Industrie.

Am folgenden Tag öffnete der ordnungsgemäße Propusk aus Kaliningrad den Schlagbaum vor der Kurischen Nehrung, die Humboldt der Seele anempfohlen hatte. Wie eine weit ausgespannte Vogelschwinge trennt dieser schmale Landsaum das Haff von der Ostsee. Memelstrom und Meeressand haben ihn vor 8000 Jahren aus dem weiten Weichseldelta wachsen lassen.

„Wie manchen vor mir hat ihre grundeigentümliche Schönheit es mir angetan, als ich im vorigen Jahr dort war: die unwahrscheinliche Phantastik ihrer Dünenwelt, der Urfriede ihrer Birken- und Fichtenwälder, in denen Elche äsen, die wilde Größe ihres Meeres, die Idyllik von Dorf und Haff“, hatte Thomas Mann geschwärmt. Jetzt fuhren wir auf der alten Memeler Poststraße über diese Nehrung, fuhren Kilometer um Kilometer durch windschiefe, struppige Wälder – Kiefern auf sandigem Boden zum Meer hin, zur Haffseite morastige Erlenbrüche und das schorfige Weiß der Birken.

Das Revier der Elche, der archaischen Schaufeltiere, die eine vergangene Epoche überdauert zu haben scheinen. Eines dieser hochschultrigen Tiere tat uns an diesem Morgen sogar den Gefallen, vor unserem Auto über die Straße zu wechseln. Eigentümlich leichtfüßig verschwand der Riesenhirsch im sumpfigen Erlenwald. Wuchs dort, im Dikkicht sein Baum, an den gelehnt er stehend zu schlafen pflegte? Da die Tiere keine Gelenke in den Beinen hätten, könnten sie – einmal zu Fall gekommen – nicht wieder aufstehen, schrieb Caesar. Die Jäger in den nordischen Wäldern untergrüben daher listig

die Wurzeln der ausgekundschafteten Schlafbäume. Die müden Elche stürzten dann mitsamt diesem um. Die Jäger bräuchten sie dann am folgenden Morgen nur noch einzusammeln.
Rybatschij, das früher idyllische Rossitten mit seiner berühmten Vogelwarte, enttäuscht. Das Dorf – heute Fischerei-Kolchose – gibt sich heruntergewirtschaftet. Um so größer dann die Überraschung im einstigen Nidden: ein gepflegter Badeort, blühende Blumenpracht hinter gerade ausgerichteten Staketenzäunen – Astern, Malven und mannshohe Sonnenblumen. Die Fischerhäuschen mit ihren Fensterrahmen in leuchtendem Niddener Blau, das es Thomas Mann schon angetan hatte, ducken sich noch immer unter den dicken Schilfmützen ihrer Dächer. Über den öffentlichen Gebäuden drehen sich holzgeschnitzte Kurenwimpel im Wind, wie sie einst die Masten der Keitelkähne auf dem Haff schmückten.
Nidden hieß bis vor kurzem noch Neringa. Inzwischen trägt es den schon vertrauter klingenden Namen Nida. Denn der schmucke Ort liegt bereits in der Republik Litauen. Wenige Kilometer vor Nida hatten wir – ohne jede Formalität – den Schlagbaum der neuen Grenze passiert.
Am Ende des Dorfes, auf hohem Haffufer, das Sommerhaus von Thomas Mann, der an Nidden sein Herz verloren hatte: „Der Eindruck war tief. Man findet einen erstaunlich südlichen Einschlag. Das Wasser des Haffs ist

„Alles ist weglos. Nur Sand, Sand und Himmel", schrieb Thomas Mann über die Dünenwelt der Nehrung.

im Sommer bei blauem Himmel tiefblau. Es wirkt wie das Mittelmeer. Es gibt eine Kiefernart, Pinien ähnlich. Die weiße Küste ist schön geschwungen, man könnte glauben in Nordafrika zu sein." Heute ist das Mann-Haus eine liebevoll gepflegte Gedenkstätte.

Die weite Haffbucht nach Süden hin nannte Mann sein „Portofino". Hinter ihr steigt mit scharfer Kammlinie gegen den hohen Himmel eine Wand auf: Maisgelb in der Morgensonne, weißglänzend im Mittagslicht, ocker bis violett zum Abend hin – die „Hohe Düne". Dahinter die Urlandschaft des ersten Schöpfungstages, an dem die Erde noch öd und leer war: die Kurische Sandwüste. Hügel an Hügel aus feinkörnigem Quarz, in weiten Wellen von See her ansteigend, haffwärts steil abfallend – ein Stück Sahara am Baltischen Meer. Man müsse sich die Dünen von Sylt verfünffacht denken, schrieb Mann: „Alles ist weglos, nur Sand, Sand und Himmel. Immer wieder überkommt mich hier der Eindruck des Elementarischen, wie ihn sonst nur die Wüste und das Hochgebirge hervorruft."

Schon der Orden hatte damit begonnen, die Wälder der Nehrung abzuholzen. Danach waren es die schwedischen Besatzer. Der Siebenjährige Krieg mit der Russenzeit von 1758 bis 1762 brachte dann den verhängnisvollen Kahlschlag – man brauchte Bauholz für die Flotte der Zarin. Ungehindert konnten die Weststürme danach den feinen Ostseesand bis zu 70 Metern hoch auf dem baumlosen Nehrungsstreifen auftürmen. Die zur Haffseite wandernde Düne begrub Häuser, Kirchen und Friedhöfe unter sich. Ganze Dörfer verschwanden für immer unter Sandgebirgen: „Und wenn der Wind darübergeht, so ist sie nimmer da und ihre Stätte kennet keiner mehr", sang der Psalmist.

Nach Osten hin endet das Dünenpanorama abrupt im stillen Wasser des Haffs. Dieses war mit der dreifachen Ausdehnung des Bodensees das größte deutsche Brackwasser. Das Haff gab den Bewohnern der Nehrung das tägliche Brot: Flundern, die man auf Schnüren baumelnd über Räuchergruben garte, Stinte, Plötze und Aale. Im Winter fuhr man mit den zähen kleinen Nehrungspferden auf Schlitten zum Eisfischen auf das Haff. Hochbeladen holten die breitrumpfigen Keitelkähne sommers Heu vom Festland – der Sandboden der Nehrung trug weder Korn noch Gras.

Zeigt sich das Haff hinter dem Schilfgürtel gern mit glattem, lockendem Spiegel als ein Wasser der Träume, brandet die offene See auf der anderen Seite mit elementarer Wucht auf den Nehrungssaum. Noch einmal Thomas Mann über die Ostsee bei Nidden: „Sie ist vollkommen offen nach Westen bis nach Schweden hinüber, und stark wie an der Nordsee ist die Brandung bei Westwind. Die Brandung ist von eigenartiger Großartigkeit ... Die Wellen haben selbst ganz nahe am Strand noch eine Kraft, daß man glaubt, Löwenpranken schlügen auf die Schultern."

„Und die Meere rauschen
den Choral der Zeit.
Elche steh'n und lauschen
in die Ewigkeit",

zitierte Wjatscheslaw, der Kollege vom Kaliningrader Fernsehen, lächelnd die dritte Strophe des Ostpreußenliedes.

Einstieg in die Marktwirtschaft – mit zwei Ferkeln.

Wo die Weichsel den Wohlstand brachte

Hügeliges Bauernland, Flickenteppiche von schmalen Äckern, verstreute Höfe mit den alten, roten Pfannendächern und den Bretterscheunen. Pferdewagen mit scheppernden Milchkannen und prallen Kartoffelsäkken – Ostpreußen aus einem alten Bilderbuch. Die Grenze nach Polen liegt wieder hinter mir.

Wie bereitwillig lassen sich doch die Sinne täuschen. Nichts hatte sich in den vierzehn Tagen hier geändert. Doch jetzt, auf dem Rückweg von Königsberg, schien die polnische Grenzstadt Braniewo (Braunsberg) um vieles farbiger, lebhafter, heiterer. Die lieblose Nachlässigkeit hatte offenbar Platz gemacht für pulsierende Geschäftigkeit. Aber nicht die Wirklichkeit war eine andere, nur die eigene Wahrnehmung hatte sich gewandelt – nach zwei Wochen in der russischen Oblast, wo die allgegenwärtige Misere und Tristesse Auge und Erwartung auf den Grundton „grau" eingepegelt hatten. Da schien selbst Braniewo in seiner Bescheidenheit schon ein farbenfrohes Stück aus einer anderen Welt.

Die Fahrt westwärts: Wo die Straße ans Frische Haff stößt, wächst der rote Backstein des Ordens vor mir auf, mächtig und zierlich zugleich, die trutzige Domburg, von verspielten Türmchen gekrönt, die Kathedrale Unserer Lieben Frau. Sie gab dem Haff-Städtchen seinen Namen: Frauenburg – heute Fromborg. In dieser Abgeschiedenheit erfuhr das Bild, daß sich forschender Menschengeist jahrhundertelang von der Architektur des Weltgebäudes gemacht hatte, seine revolutionäre Korrektur. Denn hier vollendete der Mann, der als erster die Sonne ruhen und die Erde kreisen ließ, 1543 – in seinem Todesjahr – sein bahnbrechendes Werk *De revolutionibus orbium coelestium* ... Es war der Frauenburger Domherr Nikolaus Kopernikus: „In der Weltmitte ruht die Sonne. Wer nämlich würde in diesem prächtigsten Tempel die Lampe an einen anderen oder besseren Ort stellen, von wo aus sie alles zugleich erleuchten könnte?"

War dieser 1473 in Thorn geborene Nikolaus Koppernigk ein Großer des deutschen Geistes? Oder war er als Mikołaj Kopernik ein Pole? Seit Generationen streiten sich beide Seiten leidenschaftlich um das nationale Eigentumsrecht an dem Welterneuerer. Zum 400. Todestag 1943 wollte die NS-Führung dessen Deutschtum „vor aller Welt und für alle Zeit" mit einem „Monument auf seinem Grab" dokumentieren. Archäologen des Königsberger Prussia-Museums machten sich auf die Suche nach der (bis heute nicht lokalisierten) Grabstätte im Frauenburger Dom. „Bei jedem neuen Schädel, der ans Licht geholt wurde, erschien ein Professor der Anthropologie in schwarzer SS-Uniform. Er hatte stets ein Lederköfferchen voller blanker Meßzirkel bei sich; für den Fall, daß der Tote der Gesuchte zu sein schien", berichtete die damalige Museumsfotografin Ulla Both. Dabei habe doch wohl ohnehin kein Zweifel bestehen dürfen, daß das Gehirn eines so großen Geistes nur in einem Langschädel der germanischen Rasse gesessen haben konnte!

Der 500. Geburtstag des universellen Den-

Seite 104/105:
Aus Schutt und Asche wiedererstanden – das alte Danzig, wie es nie gewesen ist.

Mit Pferd und Wagen auf der alten Autobahn Elbing-Königsberg. Die Trasse soll wieder für den Verkehr über die Grenze hergerichtet werden.

kers bot der Gegenseite dann 1973 den Vorwand, Kopernik als großen Polen zu feiern – wobei man ihn mit mehr oder weniger gewagten Hypothesen für sich reklamierte. „Eine törichte Posse", urteilte einer der jungen Generation der Olsztyner Historiker. „Als Kopernikus lebte, war der Nationalismus noch gar nicht erfunden."

Am Horizont läßt sich der schmale Saum der Frischen Nehrung ahnen. Davor der perlmutterne Spiegel des Haffs. Dieser Überrest des riesigen, vorzeitlichen Weichseldeltas hatte Elbing zum florierenden Seehafen im Binnenland gemacht – über das Neue Tief, das beim einstigen Pillau den Nehrungsriegel durchschneidet, hatte die Stadt eine schiffbare Verbindung zum offenen Meer. Zwar hatte Moskau 1945 nach der Teilung von Haff und Nehrung dem polnischen Nachbarn die freie Durchfahrt „in Friedenszeiten" garantiert – dennoch senkte sich buchstäblich ein eiserner Vorhang über das Haff. Die Sowjetmarine versperrte das Seegebiet um ihren Flottenstützpunkt Baltÿsk (Pillau) mit Stahlnetzen. Elbląg, das als Elbing vom Hafen und vom Schiffbau gelebt hatte, wurde rücksichtslos von der Ostsee abgeschnitten.

Doch die Perestroika gab der Stadt das Meer

zurück. Im Juni 1990 war der polnische Parlamentsabgeordnete Edmund Krasowski demonstrativ und ohne Vorankündigung mit einer Segelyacht unter polnischer Flagge über die nasse Grenze durch das Haff und durch das Pillauer Tief in die Ostsee gefahren – unbehelligt von den überraschten Russen. Sechs Wochen später ließen diese den ersten polnischen Küstenfrachter passieren. Nach vier Jahrzehnten vertragswidriger Blockade war Elbląg wieder Hafenstadt.

Schon die Chronik des Wikingers Wufstan, die Angelsachsen-König Alfred der Große um 890 niederschreiben ließ, hatte von der geschäftigen Pruzzensiedlung Truso berichtet, wo Händler aus dem ganzen Ostsee- und Weichselraum ihre Waren tauschten. Polnische Archäologen sind seit ein paar Jahren dabei, die ersten Reste dieses legendären Truso ein paar Kilometer südöstlich von Elbląg aus den Uferwiesen des Drausensees zu graben: Spuren eines großen Hauses, Schiffsteile und Werkzeuge. Zum Nachweis des Fernhandels hatten die Trusoer Kaufleute der Nachwelt sogar ein paar arabische Münzen des 9. Jahrhunderts im Erdboden hinterlassen.

Hansekaufleute aus Lübeck und der Ritterorden hatten 1237 nahe diesem – auch strategisch günstig gelegenen – Handelsplatz die Stadt Elbing gegründet – im selben Jahr, in dem Berlin aus der Taufe gehoben wurde. Für mehr als 150 Jahre war Elbing der führende Handelshafen des Ordenslandes und Sprecher der preußischen Hansestädte. Doch mit der Blüte war es schlagartig vorbei, als sich die launische Weichsel mit dem Frühjahrshochwasser 1371 von Dirschau abwärts wieder einmal ein völlig neues Bett grub und nicht mehr bei Elbing in das Haff mündete, sondern bei Danzig. Dort übernahm man nur zu gern die Rolle Elbings. Für ein halbes Jahrhundert konnte man den neuen Konkurrenten noch einmal überflügeln, als man 1578 – etwas außerhalb der Hanselegalität – den Engländern unmittelbare Handels- und Stapelrechte gewährte. Englische Kaufleute der Eastland Company ließen sich in Elbing nieder. Die Renaissancehäuser aus dieser Periode mit ihren Prachtgiebeln verliehen der um die Nikolaikirche gedrängten Altstadt ihr Patriziergesicht.

Doch das ist Vergangenheit. Heute steht das Gotteshaus befremdend einsam auf einer weiten Grünbrache am kahlen Flußufer. Gras und Gebüsch sind gnädig über die Trümmerwüste gewuchert, die Stahlgewitter und Feuersturm 1945 zurückließen. Als die Panzer von Marschall Rokossowskis 2. Weißrussischer Armee am 23. Januar 1945 überraschend bis nach Elbing hineinstießen, waren die Menschen noch überall bei der Arbeit – auf der Schichau-Werft nicht anders als in Europas größter Zigarrenfabrik. Diese hatte einmal den Namen Loeser und Wolff geführt, der durch Walter Kempowski als *Tadellöser & Wolff* zu literarischen Ehren kam.

19 Tage wurde erbittert um jedes einzelne Haus gekämpft. Erst am 10. Februar konnte Josef Stalin in einem Tagesbefehl die Einnahme des „mächtigsten Verteidigungsstützpunktes der Deutschen auf dem rechten Weichselufer" verkünden und seinen betei-

Einst der wichtigste Ostseehafen des Ordenslandes – Elbing, das heute Elbląg heißt.

ligten Divisionen den Ehrentitel „Elbinger" verleihen. „Tod den deutschen Landräubern!" schloß Stalins Tagesbefehl an die Soldaten der Roten Armee.
Nicht mehr als ein halbes Dutzend noch nutzbarer Häuser war von der ganzen Altstadt übrig geblieben. Viele der ausgeglühten Fassaden, die noch als Relikte von einstiger Pracht zeugten, stürzten später zusammen, weil sich niemand um das zermalmte Herz der Stadt kümmerte. Waggonweise wurden die historischen Ziegel zum Wiederaufbau der von den Deutschen geschleiften Warschauer Altstadt in die polnische Metropole gefahren.
Die Elbinger Steine hatten immer nur deutsch gesprochen – die Stadt hatte in ihrer Geschichte keine polnische Vergangenheit, wie man sie für das benachbarte Danzig reklamierte. So bestand kein „nationales" Interesse am Wiederaufbau des historischen Zentrums. Pläne dafür gab es immer wieder einmal – doch waren sie meist nur wertloses Papier. In Aktion trat man erst, als der 750. Geburtstag nahe gerückt war, den man auch in Elbląg gebührend feiern wollte. So gingen zunächst die Archäologen systematisch an die Bestandsaufnahme. Sie legten in mehrjähriger Grabung die „Unterwelt" des inneren Zentrums von Trümmern frei – mit ihrem Geschachtel von Kellern und Kammern. „Unter dem unschuldigen Rasen hat sich ein zähes Stück Mittelalter erhalten, eine Katakombenstadt, ein deutsches Pompeji", schrieb *Die Welt* im Juni 1991.
Nach den Archäologen entdeckten die Stadtplaner das alte Herz neu, wobei die Initiative Ende der achtziger Jahre aus der Bevölkerung kam. „Wir erlebten die groteske Situation, daß wir für die noch immer fehlende City Elblągs geeignetes Baugelände außerhalb des eigentlichen Stadtgebietes suchten", erzählte Stadtkonservatorin Maria Lubocka-Hoffmann deutschen Kollegen. „Dabei lag doch mitten in der Stadt ein eigentlich vorbestimmtes Areal, das auch schon alle erforderlichen Anschlüsse hatte. In der Mitte der sechziger Jahre sollten dort die üblichen Hochhäuser hingesetzt werden. Gottseidank hat der damalige Bezirkskonservator dieses wahnwitzige Vorhaben verhindern können – obwohl man ihm mit Amtsenthebung drohte. Jetzt haben es die Bürger selber erzwungen, daß an der alten Stelle wieder das Herz von Elbląg schlagen soll."
So entschied man sich am Ende für eine neumittelalterliche Stadt rund um St. Nikolai. Etwa 30 Gebäude des alten Elbing, die als herausragende Beispiele die verschiedenen Bauepochen widerspiegeln, sollen nach alten Abbildungen möglichst originalgetreu als Kopien rekonstruiert werden. Alle anderen 600 geplanten Gebäude will man nach den alten Grundrissen und mit historischen Gliederungselementen „modern" bauen. Die ersten dieser Häuser mit ihren nachempfundenen, doch befremdlich steril wirkenden Giebelfronten stehen bereits. Westliche Denkmalspfleger betrachten eine solche kopierende oder historisierende Architektur mit großer Skepsis.
Doch wichtiger als das Expertenurteil ist den Menschen in Elbląg, daß ihre Stadt mit ihrem Betongesicht wieder ein ansehnliches urbanes Herz bekommt. Dabei hofft man auf kräftige Hilfe aus dem Bonner Jumbokredit für Polen. Bonn hat da aus der Verpflichtung gegenüber dem gemeinsamen Kulturerbe

Die Weichsel brachte als wichtiger Handelsweg in das polnische Hinterland den Reichtum für Danzig.

bereits seine Zustimmung signalisiert. Flach zum fernen Horizont hingebreitet zeigt sich das Niederungsland des Werders, Schwemmland zwischen den Strömen – nur die hohen Deiche von Nogat und Weichsel unterbrechen die waagerechte Endlosigkeit. Hochmeister Meinhard von Querfurt hatte schon 1270 damit begonnen, die Weichsel durch Uferdämme zu bändigen – fruchtbares Flußland wurde so zu Äckern. Mennoniten aus Holland waren dann im 16. Jahrhundert als Glaubensflüchtlinge ins Land gekommen und hatten – erfahrene und fleißige Niederungsbauern – Wohlstand in die Werder gebracht. Sie waren ein stolzer, eigenwilliger Menschenschlag, der für seine Sicherheit gegen den unberechenbaren, mächtigen Weichselstrom kämpfen mußte. Die Werder, so weiß man heute, lieferten das Vorbild für Theodor Storms Novelle *Der Schimmelreiter* und nicht die nordfriesische Marsch.

Mit dem Durchstich bei Swibno (Schievenhorst) mündet die Weichsel ohne Umschweife nahe Gdańsk in die Ostsee. Mit seinen Getreideschiffen aus Polen und der Ukraine und mit den Holzflößen der – von Günter Grass in der „Blechtrommel" literarisch gewürdigten – Flißacken hatte vor allem dieser Fluß Reichtum und Macht nach Danzig gebracht. Auf dem berühmten Rundgemälde der Decke des Roten Saales im Rechtsstädtischen Rathaus umspannt ein himmlischer Bogen die Weichsel von ihrer Quelle bis zur Mündung, und aus den Wolken hält die Hand Gottes beschützend die Spitze des Rathausturmes: An diesem Fluß und am Segen des Höchsten war den Ratsherren vor allem gelegen – von ihnen hingen die Geschicke der Stadt ab. Heute ist der Oberlauf der Weichsel nicht mehr schiffbar – Gdansk ist ohne Wasserstraße in sein Hinterland.

Gothiskanza, Gyddance, Gydansk, Danceke, Dantzke, Danzig, Gdańsk – die Geschichte hatte für die Ostseestadt ein halbes Dutzend Namen bereit. Denn so unentschlossen und halbherzig wie hier an der Mottlau, die früher Weichsel hieß, hat sich die Historie nirgendwo anders in der Nordostecke Europas gezeigt. Mit verbrieften Freiheiten und gekauften Privilegien hatte sich Danzig immer eine Sonderrolle gesichert, hatte sich von der Geschichte seiner wechselnden Souveräne abgekoppelt – ob nun Ritterorden oder polnische Krone – hatte sich als freie Bürgerstadt gegen den feudalen Anspruch der gerade Regierenden durchgesetzt.

Deutsche und Polen lebten in seinen Mauern als Nachbarn miteinander – nationale Fragen traten für die Stadt der Kaufleute aus vieler Herren Länder in den Hintergrund, solange nur der Handel florierte. Und das tat er meist in dieser Hafenstadt, „deren Ruhm es immer gewesen ist, zwischen mehreren mächtigen, aber meist armen Nachbarn stinkreich zu werden und zu bleiben", wie Günter Grass seinen Herbert Truczinski in der „Blechtrommel" verkünden läßt. Nec temere, nec timide, lautet der Danziger Wappenspruch: Nicht verwegen, doch auch nicht ängstlich! Wer alles hat da nicht in das Räderwerk dieser Geschichte gegriffen: Pommerellenherzöge und Deutschritter, Hansekaufleute und polnische Teilfürsten, Polenkönige und Schwedenkönige, Preußenadler und Franzosenkaiser, der Völkerbund, auch jener Weltanzünder namens Adolf Hitler samt seinem Widerpart Josef Stalin. Und am Ende zählt dazu selbst der „Große Elektriker", wie man hier respektlos den von der Werkbank der Lenin-Werft ins Warschauer Staatspräsidenten-Palais hinübergewechselten Mitbürger Lech Wałęsa nennt. Mit dessen Solidarność-Aufbegehren in Gdańsk brach 1980 der erste Stein aus der Bastion des Kommunismus in Osteuropa, was diese ideologische Zwingburg ein Jahrzehnt später in sich zusammenstürzen ließ.

„Ich lernte damals, von Tag zu Tag mehr bezaubert, eine der schönsten alten Städte des nordöstlichen Europa kennen; ein von den letzten zwei Jahrhunderten unversehrt gelassenes Stadtbild; helle, heitere, ich möchte sagen: musikalische Plätze, geschmückte Straßenzüge; breite, barocke aber auch gotisch enge Gassen, die sich um die Festung, die feste Burg, die Kathedrale, die trotzige Marienkirche drängten. Ich sah gewaltige, altertümliche Speicher und alte Handelshäuser an Strom und Grachten." Das schrieb der Schweizer Diplomat Carl Jakob Burckhardt, der von 1937 bis 1939 Völkerbund-Kommissar für die Freie Stadt Danzig war.

In alter Pracht wieder aufgebaut – das Steffensche Haus am Langen Markt in Danzig, dem heutigen Gdańsk

MACCABEVS
CAMILLVS

Das Schicksalsjahr 1939: Am 1. September fiel hier in Danzig jener erste – deutsche – Schuß, der das blutigste Völkermorden der Weltgeschichte auslöste. Es war die Feuersalve aus den Geschützrohren des Linienschiffes „Schleswig-Holstein" gegen das polnische Munitionsdepot auf der Westerplatte. Der Krieg, der in Danzig begonnen hatte, war dann in der Karwoche 1945 mit infernalischer Brutalität an seinen Ausgangsort zurückgekehrt. Zornig hatte er die alte Stadt zermörsert, Straßenzug um Straßenzug. Was dennoch seinem Granatenhagel entgangen war, wurde ein Opfer der Brandfackel, die die Sieger Tage nach der Einnahme schwangen. 90 Prozent der Altstadt waren nur noch Schutt und Asche. „Ein Akt asiatischer Barbarei", urteilt Dr. Andrzej Zbierski, einer der geistigen Väter der Danziger Wiedergeburt. Er ist – wie andere – überzeugt davon, daß es einen Geheimbefehl Stalins zum rücksichtslosen Niederbrennen eroberter deutscher Städte gegeben hat. Heute, wo man keine politischen Rücksichten mehr auf den Großen Bruder und Nachbarn im Osten nehmen muß, haben sich Lokalhistoriker mit Eifer dieses jahrelang ausgesparten Tabus der Stadtgeschichte angenommen.

Danzigs „gute Stube" – der Lange Markt mit dem wiederhergestellten Artushof.

„Gdańsk, kugeldurchbohrt vom Krieg,
irrzerfetzte Rose,
zwischen deinem Meeresruch
und dem fahlen Himmel
ging ich inmitten deiner Ruinen einher,
ein Gespenst unter Gespenstern,
zwischen Trümmern von orangenem Silber
...
Alles war Staub, Berge zerstörter Materie,
und der Wind des eisernen Baltischen
Meeres wehte ins Leere."

So hatte sich die zerschlagene Stadt dem chilenischen Dichter Pablo Neruda noch 1950 gezeigt. „Ruinen am Baltischen Meer" überschrieb er seine elegische Totenklage. Als ich 20 Jahre später zum ersten Mal nach Gdańsk kam, empfing mich eine alte Stadt wie aus einem Bilderbuch Buddenbrookscher Hanseseligkeit: Gotik, Barock und Renaissance mit ihren schmalen, hohen Giebeln eng aneinander gedrängt, die Beischläge – jene eigenartigen, reichverzierten Treppenterrassen vor den Häusern, die Stadttore, das Rathaus, der machtvolle Backsteinbau der Marienkirche – alles war aus den Ruinen am Baltischen Meer wiedererstanden. Nur die Patina fehlte, die Gebrauchsspuren der Jahrhunderte, die kleinen und großen Sünden von vergangenem Zeitgeist und Zeitgeschmack.

Vor die Alternative gestellt, stalinistisch wiederaufzubauen – mit Wohnblockmonotonie über den alten Trümmern – oder historisch, entschied man sich für die Wiedergeburt des Gewesenen. Denn Danzig hatte – wie keine andere der 1945 dazugewonnenen Städte – auch eine polnische Vergangenheit. Vom 15. bis zum 18. Jahrhundert hatte es bei all seinen Freiheiten und Privilegien und seinem deutschen Alltag unter polnischer Krone gestanden. Die Auferstehung dieses alten Danzig aus Schutt und Asche sollte ein unübersehbares „Symbol der Wiedervereinigung der Stadt mit Polen" werden. Für diese nationale Aufgabe floß das Geld aus Warschau reichlich. In nur zehn Jahren wuchsen über 500 Gebäude über den alten Grundmauern empor, sorgsam rekonstruiert nach Originalplänen, Stichen und Veduten. Doch was man mit großer Hingabe schuf, war ein Danzig, das es so nie gegeben hatte. Politisch gefordert, die polnische Vergangenheit sichtbar zu machen, gab man den nachgebauten Fassaden der Bürgerhäuser – ob Barock oder Rokoko, ob Renaissance oder Klassizimus – das Aussehen, das sie im – polnischen – 19. Jahrhundert hatten. Man „reinigte" sie von allem zugewachsenen Beiwerk und den Veränderungen der späteren – deutschen – Zeit. Man mauerte sich seine „Legitimation der Aneignung einer fremden Stadt, die man immer als die eigene betrachtet hatte", schrieb Ulrich Greiner 1979 in der FAZ.

Diesem politischen Zweck genügte die bloße Fassade. Für die Wiederherstellung des Innenraumes dahinter – die typischen, mehrstöckigen Repräsentationsdielen zum Beispiel – sah man in Warschau keine Notwendigkeit. „Der Tragik denkmalspflegerischer Fälschung durchaus bewußt, stellte man die Fassadenkopien wie Theaterkulissen vor ganz moderne Wohn- und Bürobauten. Es entstand ein völlig neues Danzig in einer idealisierten Gestalt des 18. Jahrhunderts – die Vision einer alten Stadt", urteilt heute der Posener Kunsthistoriker Konstanty Kalinowski.

„Nie rzucim skąd nasz ród!" Zu jeder vollen Stunde tönt die Melodie des alten Hymnus vom hohen Rathausturm: „Von unseren Wurzeln werden wir nicht lassen!" Unter dem Turm, auf dem einstigen Langen Markt und der Langgasse, drängen sich an den Sommertagen die Touristen. Sie bevölkern die wiedererstandene Mariengasse – die Mariacka – mit ihren Beischlägen und fotografieren täglich tausendfach das Krantor am Mottlauufer. Doch jetzt, da der dünne, graue Novemberregen das Straßenpflaster glänzen läßt, liegt der Lange Markt verlassen da. Die frühe Dunkelheit vertreibt auch noch die wenigen Passanten von der ulica Długa, der Langgasse. Die neue alte Stadt fällt zeitig in den Schlaf.

Denn man hat bei allem Planen versäumt, ihr das Notwendige für eine eigene lebendige Urbanität mit auf den Weg zu geben. Statt eines lebenden Stadtorganismus hat man ein übergroßes Freilichtmuseum geschaffen. Denn man hat das Herz von Gdańsk nach Wrzecz verpflanzt – dem früheren Langfuhr. Dort pulsiert es heute mit seinen Supermärkten, Kaufhäusern und Marktbasaren – und nicht an historischer Stelle. Jetzt, wo Handel und Wandel auch in Polen wieder zum Alltag gehören, verstärkt der Mangel an urbaner Geschäftigkeit noch den Eindruck des Musealen und Konservierten. Deswegen wollen die Planer die Altstadt jetzt durch bislang verpönte Um- und Neubauten und durch eine „mehrdimensionale Nutzung" in einen „normalen" städtischen Lebensraum umwandeln – mit allen Zutaten heutiger Urbanität. Eine Spielbank hat schon ihren Betrieb in der ulica Długa aufgenommen.

Als nationales Symbol hat das nachgebaute Danzig heute ausgedient, die politische Motivation des Wiedererstehens hat man als unbrauchbar zu den Akten gelegt. Doch hätte es den nationalen Übereifer nicht gegeben, gäbe es heute kein Gdańsk, das – trotz aller stilistischer Kosmetik – noch das annähernd vertraute Gesicht Danzigs zeigt. Die fragwürdigen Hintergründe und die Art der Wiedergeburt schmälern auch nicht das Verdienst, das sich die polnischen Konservatoren mit ihrer einzigartigen Aufbauleistung in Gdańsk erworben haben. „Wir Deutschen bekunden ihnen dafür Dank und großen Respekt", sagte Bundespräsident Richard von Weizsäcker im Mai 1990 bei seinem Besuch in der deutsch-polnischen Schicksalsstadt.

Was den Bundespräsidenten am tiefsten beeindruckt hatte, war der Wiederaufbau der Marienkirche aus einem Torso geborstener Ruinen. Immerhin zählt dieser einst prächtig ausgestattete, monumentale Backsteinbau zu den fünf größten Kirchen der Welt – die Danziger Kaufherren hatten sich den Segen des Höchsten einiges kosten lassen. Vergeblich hatte die Kirchenleitung in der Vergangenheit versucht, wenigstens Teile der noch existierenden sakralen Kunstschätze aus dem Nationalmuseum in Warschau zurückzuerhalten, in dessen Bestände sie nach der „Verstaatlichung" deutschen Kulturgutes übergegangen waren.

Erst die politische Wende in Polen machte es möglich, daß ein Stück der künstlerischen Vergangenheit an die Mottlau heimkehrt. Der neue Kultusminister in Warschau sagte im Herbst 1991 zu, daß das Gotteshaus einen Teil seiner gotischen Kunstschätze – darunter den Ferberschen Flügelaltar – zurückbekommt. Dagegen wird man sich bei dem berühmten „Jüngsten Gericht“ des Brügger Meisters Hans Memling wohl auch weiter mit der Kopie begnügen müssen. Dieses Triptychon war 1473 nicht gerade auf die feine hanseatische Art in das Gotteshaus gekommen. Der Danziger Freibeuter Paul Beneke hatte es mit anderem Kapergut aus einem burgundischen Schiff geraubt, das es zu seinem Auftraggeber nach Florenz bringen sollte. Wohl angesichts der dargestellten Höllenpein und eingedenk der eigenen Missetaten stiftete Beneke das Memling-Werk der Marienkirche daheim.

Weder die Rückforderung der Florentiner noch die Banndrohung des Papstes vermochten die Danziger zur Rückgabe zu bewegen. Kaiser Rudolf von Habsburg bot ihnen vergeblich 40 000 Taler – Napoleon nahm es als Siegerbeute mit in den Louvre. Auf mancherlei verschlungenen Wegen gelangte es nach dem Krieg über die DDR wieder nach Danzig – in die dortige Dependance des Nationalmuseums. Dort wird die mittelalterliche Horrorvision der Hölle vorerst wohl bleiben.

Günter Grass hat die Danziger Aneignung „eines zusammenklappbaren Jüngsten Gerichtes“ in seiner „Blechtrommel“ genüßlich ausfabuliert – wie all die anderen historischen und histörchenhaften Begebenheiten aus seiner Vaterstadt. Grass wuchs in Langfuhr auf, das heute Wrzecz ist. Dort, wo in der ersten Hälfte unseres turbulenten Jahrhunderts die kaschubische und die polnische Minderheit Danzigs zu Hause waren, ließ er auch seinen Oskar Matzerath erstmals die Trommel schlagen: „Langfuhr war so groß und so klein, daß alles, was sich auf dieser Welt ereignete oder hätte ereignen können, sich auch in Langfuhr ereignete oder hätte ereignen können.“ Günter Grass’ „Blechtrommel“, schrieb Hans Magnus Enzensberger, sei eine „poetische Rettung jener kleinen Welt, in der Deutsche und Polen, Juden und Kaschuben zusammenlebten, vor dem Vergessen.“

Das eigenwillige Volk der Kaschuben, aus dem nicht nur die Vorfahren des Blechtrommlers Oskar sondern auch die seines literarischen Erzeugers kamen: seine Welt begann vor den Toren Danzigs, nach Süden zu. Sie zog sich über das hoch aufgetürmte Geschiebe des Baltischen Höhenrückens mit dem Klosterstädtschen Karthaus (Kartuzy) als Zentrum und weiter über Berent (Koscierzyna) bis hinunter in die sandigen Kiefernwälder der Tucheler Heide (Bory Tucholskie). Nach Osten zu hatte dieses Kaschubenland in der Weichsel seine natürliche Grenze. Nach Westen, ins Pommersche hinein, waren die Grenzen fließend – hier sprachen viele Bewohner der Kreise Bütow (Bytow), Lauenburg (Lembork) und Stolp (Słupsk) kaschubisch. Die Ostsee zog die Grenze im Norden – von Leba mit seinen Dünengebirgen bis auf die Nehrung von Hela (Hel) vor der Danziger Bucht. Putzig (Puck), Neustadt (Wejherowo) und Gdingen (Gdynia) waren hier Mittelpunkte kaschubischen Lebens.

Monotone Wohnblocks prägen das Gesicht Gdynias (Gdingen).

Neue Hoffnung für die Kaschuben

Man weiß nicht: Hebt er segnend seine Hand über die Metamorphose der Swiętojańska oder mahnend, die neue Zeit bedächtig anzugehen? Lebensgroß, in Bronze gegossen, blickt Papst Johannes Paul II. von seinem hohen Postament auf die neue Geschäftigkeit seiner Landsleute, auf die poppigen Schaufenster von „Montana-Jeans, Jackets, Shirts“ und die Marmorfassade der nagelneuen Nobelboutique.

Die Swiętojańska, die Geschäftsstraße von Gdynia, war 1991 fleißig dabei, ihr trist-schäbiges, sozialistisches Einheitskleid gegen ein heiteres farbenfrohes Gewand modernen Zuschnitts einzutauschen. Die muffigen Einkaufshallen, hinter deren blinden Schaufensterscheiben verstaubte Sauerkrautdosen und Salzgurkengläser im Schlaf des Vergessens dahindämmerten, haben blitzblanken Delikateßgeschäften und Supermärkten Platz gemacht. Die Verkäuferinnen, die früher in ihren lieblosen Blaukitteln mißmutig den sozialistischen Mangel gehütet hatten, lächeln – modisch gekleidet – vor vollen Regalen.

Keine andere polnische Stadt hatte mir den Wandel nach dem Abschied vom Sozialismus so deutlich gezeigt wie Gdynia. Franciszka Cegielska, die neue Oberbürgermeisterin, wußte dafür eine einfache Erklärung: „Das sind die Kaschuben. Sie hatten ihre Geschäftshäuser in der Swiętojańska in Privatbesitz behalten. Sie haben sofort die Chance des privaten Handels erkannt und genutzt und die Läden in ihren Häusern neu hergerichtet.“

Die Kaschuben also: Die Geschichte hat dieses Völkchen zwischen Polen und Deutschen nicht gerade verwöhnt. Kaschuben waren immer die kleinen, geschundenen Leute. Daß sie hier in Gdynia aber von armen Fischern zu wohlhabenden Stadtbürgern aufstiegen, mit Geschäfts- und Miethäusern im Zentrum, war das Resultat der besonderen Historie dieser Stadt. Gleich viermal hat der Ort in unserem Jahrhundert seinen Namen wechseln müssen: Gdingen, Gdynia, Gotenhafen und wieder Gdynia. Aber nicht nur den Namen: auch die Nationalität und die Identität – die launische Weltgeschichte besann sich da immer wieder eines anderen.

Bis der Erste Weltkrieg die Landkarte Europas veränderte, war Gdingen ein deutsches Dorf im Westpreußischen. Seine kaschubischen Fischer versorgten Danzig mit fetten Flundern, mit Lachs und Aalen aus dem „Kleinen Meer“, wie man die weite Danziger Bucht hier respektvoll nannte. Der Versailler Vertrag, der Polen 1919 den „Korridor“ durch Westpreußen und Hinterpommern zum Meer zusprach, machte Gdingen polnisch, was es von 1466 bis 1772 schon einmal gewesen war. Als Gdynia wurde es zum Symbol für die Erfüllung eines uralten, nationalen Traumes der Polen: die Vermählung des Landes mit dem Meer. Erstmals in der Geschichte konnte man sich einen eigenen Seehafen am Morze Bałtyckie, der Ostsee, schaffen.

„Hier hat Polen keine Grenzen mehr. Von hier können wir die Früchte unserer Arbeit ohne Tribut an fremde Vermittler in alle Welt

Wo das Meer das Land schuf – die Halbinsel Hela mit ihren breiten Sandstränden wurde in acht Jahrtausenden von der Ostsee angeschwemmt.

Hela lebt vom Fischfang – Reusen am Hafen von Kuznica.

bringen", hatte Staatspräsident Wojciechowski bei der Einweihung des riesigen Hafens ausgerufen. Zugleich mit dem Hafen hatte man eine völlig neue Stadt „aus Torfmooren und Unland" wachsen lassen – eine fertige Stadt vom Reißbrett, was sie nicht gerade reizvoll machte. Torfmoore und Unland aber hatte man den Kaschuben abkaufen müssen. Sie investierten ihren plötzlichen Reichtum in die besten Immobilien der neuen Stadt.

1939 dann der Zweite Weltkrieg: Erst 14 Tage nach Kriegsausbruch konnten deutsche Truppen in Gdynia einmarschieren. Hitler persönlich diktierte der Stadt ihren neuen Namen: Gotenhafen. Für die polnischen Bewohner kamen die bitteren Jahre der Unterdrückung und Verfolgung. Sie mußten ihre Häuser im Zentrum für Deutsche und die „heim ins Reich" strömenden Baltendeutschen räumen. In der zynischen Sprache der „Herrenmenschen" schrieb der *Danziger Vorposten:* „Heute, da der Stadtkern Gotenhafens von der fremden Bevölkerung, den Kongreßpolen, geräumt ist, und deutsche Einwohner, soweit die Häuser bisher entwanzt werden konnten, eingezogen sind, bemüht sich die Polizei, alle arbeitsscheuen Elemente und das Verbrechergesindel zu fassen ..."

Das düstere Kapitel „Gotenhafen" endete im März 1945, als die Stadt für Hunderttausende von Flüchtlingen aus Ost- und Westpreußen zum letzten Sprungbrett über See in die Freiheit wurde – oder in die Tragödie: Von Gotenhafen lief die „Wilhelm Gustloff" mit 6000 Menschen an Bord nach Westen aus. Nach einem Torpedotreffer versank das Schiff mit seiner ganzen menschlichen Fracht.
Werner Bergengruen drängt sich ins Gedächtnis, wenn wir die monotonen Betongebirge des neuen Gdynia hinter uns lassen und auf der Fahrt nordwärts der Turm der alten Pfarrkirche von Putzig aus der Uferebene aufwächst.
Putzig – heute Puck – war seit altersher bekannt für sein kräftiges Bier. In seinem *Kaschubischen Weihnachtslied* „Wärst du, Kindchen, im Kaschubenlande, wärst du, Kindchen, doch bei uns geboren..." zählt Bergengruen auf, womit die Menschen hier den Gottessohn verwöhnt hätten:
„Gänsefleisch und Kuttelfleck mit Ingwer,
Fette Wurst und goldenen Eierkuchen.
Krug um Krug das starke Bier aus Putzig!
Kindchen, wie wir dich gefüttert hätten!"
Bergengruen hatte ein altes, kaschubisches Volkslied nachgedichtet, das dem Jesuskind noch weit deftigere Genüsse verhieß: Rauchfleisch mit Brühnudeln, Pellkartoffeln mit Hering und natürlich auch ein „Gläschen Wodki", neben dem starken Bier aus Putzig. In Puck, erzählt mir ein alter Fischräucherer in seiner geteerten Bude am Hafen, gebe es heute keine Brauerei mehr: „Kriegen wir unser Bier jetzt von Älbing. Aber das schmäckt nich wie frieher!" sagt der Alte im breiten Deutsch des Ostens.

Jenseits der Putziger Wiek schiebt sich der Saum der Halbinsel Hel (Hela) in die Danziger Bucht, eine Barriere aus Sand, in 8000 Jahren mit der Meeresströmung von Westen her angespült. Krowi Ogon, nennen die Menschen hier die eigenwillig geformte Nehrung, „Kuhschwanz". Denn wie ein solcher streckt sich der schmale Landstreifen vom Hinterteil des Pommernlandes in das Baltische Meer, 35 Kilometer lang, bisweilen nur wenige hundert Meter breit. Die tückische Ostsee versucht immer wieder einmal, diese Barriere an ihren schmalen Stellen auseinanderzureißen. Viermal waren in diesem Jahrhundert die zornigen Meereswogen über die Nehrung hinweg ins Kleine Meer gebrandet. Heute wehrt man sich mit teuren Sandvorspülungen gegen die Durchbruchsversuche der Baltischen See.
Windzerzauste Kiefern über dem Strand, geduckte Fichten, Strandgerste und Sandhalm, Krähenbeere und Leinkraut, die blaugraue Stranddistel, die man auch Seemannstreu nennt – die Vegetation muß sich mit kargem Sandboden zufriedengeben. An einigen Stellen hat der ewige Seewind beachtliche Dünen aufgehäuft. Breit liegt der Strand zur offenen See hin, schilfumstandene Buchten wechseln an der Wiekseite mit schmalem Sandsaum.
Das halbe Dutzend Dörfer der Halbinsel und das kleine Städtchen Hel (Hela) drehen der offenen See den Rücken zu und öffnen sich zum friedlicheren Kleinen Meer. Hier liegen die geschützten Ankerplätze für die Fischkutter, hier konnte man die Häfen für die

Kaschubischer Fischer auf der Halbinsel Hela.

Trawler und Hochseekutter anlegen. Nach wie vor lebt der Kuhschwanz vor allem von der Fischerei. Und viele der Fischer sind Kaschuben.

In Kuźnica, dem einstigen Kußfeld, riecht es nach Tang und Teer und dem würzigen Rauch aus den Schornsteinen der Fischräuchereien. Gelbe Kähne liegen auf dem Strand oder dümpeln im seichten Wasser. Aalreusen und Stellnetze und Stangengerüste – ein Stück verträumter Idylle.

Józef Konkel sammelt ein paar zappelnde Flundern vom Boden seines Bootes in eine Kiste und verstaut die Ruder. „Zum Leben reicht's gerade noch, wenn man keine großen Ansprüche mehr hat. Einen Motor für mein Boot kann ich mir eben nicht leisten. Die Preise laufen einfach davon. Und die Fische im Kleinen Meer werden immer weniger, weil die Industrie ihre ganze Chemie in die Bucht laufen läßt. Wer soll da von den Jungen im Dorf noch Fischer werden? Viele junge Leute sind in den letzten Jahren ausgereist – nach Deutschland. Irgendwie haben sie alle deutsche Abstammung nachweisen können – meine beiden Enkel auch."

Ob er denn Deutscher sei, möchte ich wissen. „Ach, Deutscher oder Pole, für uns hier hat das nie eine Rolle gespielt. Mein Großvater war Kaschube, mein Vater war Kaschube, ich bin Kaschube – wir sprechen zu Hause und mit den Nachbarn kaschubisch. Im Ersten Weltkrieg bin ich noch drei Jahre in die deutsche Schule gegangen. Danach dann, als das

Die windzerzausten Kiefernwälder, die den breiten Sandstrand säumen, gehören zum Bild der Halbinsel Hela.

hier 1920 polnisch wurde, in die polnische Schule. Ich mußte zum polnischen Militär, und später, als der Hitler kam, hat er uns Kaschuben zur deutschen Marine geholt, nach Eckernförde und Wilhelmshaven. Als ich im Sommer 1945 zurückkam, war das hier wieder polnisch. Mal wurden wir germanisiert, mal polonisiert. Sind wir nun Deutsche? Sind wir Polen?" Zu wenig deutsch, um Deutsche zu sein, und zu wenig polnisch, um Polen zu sein – so hatte mir der Schriftsteller Boleslaw Fac in Gdańsk die Rolle der Kaschuben beschrieben.

Die Frage nach der Identität: Ich hatte sie bei meinen Reisen durch Kaschubien immer wieder gehört. Stärker noch als bei den Masuren ist bei den Kaschuben das Bewußtsein ausgeprägt, ein eigener Volksstamm zwischen den beiden Nationen zu sein, mit einer eigenen, dem Polnischen verwandten Sprache und mit slawischen Wurzeln, die auf das alte Volk der Pomoranen zurückgehen. Solange die Deutschen in der Kaschubei den Ton angaben, solidarisierte man sich eher mit den Polen. Nach 1920 und nach 1945 aber sahen sich die Kaschuben durch die Polen diskriminiert und in ihrer Eigenständigkeit bedroht. Man warf ihnen Separatismus vor, und noch bei den Aufständen der Werftarbeiter in Gdynia und Gdańsk 1970 und 1980 brandmarkte die offizielle Propaganda Kaschuben als Rädelsführer.

Die große Weltgeschichte unseres Jahrhunderts hatte selbst den belanglosen Kuhschwanz in der Danziger Bucht nicht verschont. Gleich zweimal zog sich der letzte Krieg hierher in seine letzte Bastion zurück. Nach dem deutschen Überfall auf Polen konnten 3000 polnische Soldaten Hela noch bis zum 2. Oktober verteidigen – sie kapitulierten erst einen Tag nach dem Fall von Warschau. 1945 legten die 60 000 deutschen Soldaten auf Hela erst am 9. Mai die Waffen nieder, als Generaloberst Jodl allen deutschen Truppen für 0.00 Uhr die Einstellung aller Kampfhandlungen befohlen hatte.

Buchstäblich bis zur letzten Minute war Hela Schauplatz der größten und dramatischsten Rettungsaktion des Zweiten Weltkrieges gewesen. Noch am 8. Mai hatten 20 000 über die Danziger Bucht herbeigebrachte Flüchtlinge, Verwundete und Soldaten auf teilweise wundgeschossenen Schiffen und überladenen Kähnen Hela verlassen können – zwei Tage zuvor waren es noch 43 000 auf einen Schlag gewesen. Die Bilanz dieses Rettungsunternehmens ohne Beispiel in der Geschichte: In 115 Tagen wurde trotz ständiger Artillerieduelle, Seegefechte und Fliegerangriffe fast eine halbe Million Menschen über den Hafen und die Reede von Hela nach Westen transportiert.

Die schweren Wunden, die der Krieg der kleinen Stadt geschlagen hat, sind vernarbt. Im Hafen macht heute die Fischereiflotte fest. Aus Gdańsk und Gdynia bringen die Ausflugsschiffe der „Weißen Flotte" die Tagesgäste herbei. Im Rathaus träumt man von neuen Hotels, einem internationalen Yachthafen – vom Aufblühen des Tourismus. Man setzt dabei auf die weltweite Abrüstung. Denn noch sind die Wälder um Hela militärisches Sperrgebiet.

Der Kuhschwanz bleibt zurück, das Kleine Meer entschwindet im Dunst. Die Rübenäcker machen nach Westen hin Platz für bewaldete Buckel. Zwischen die Buckel schiebt sich der Zarnowitzsee – eine Land-

Viele Grabsteine auf den Friedhöfen von Hela tragen noch heute deutsche Namen.

schaft für den Urlaubsprospekt. Doch bei Zarnowiec zerstört ein graues Ungetüm die Postkartenidylle. Der monströse Betonklotz sollte Polens erstes Kernkraftwerk werden – er wurde Polens teuerste Neubauruine.

Denn im Herbst 1990 hatte die neue Regierung in Warschau die Bauarbeiten, die schon eine Milliarde US-Dollar verschlungen hatten, einstellen lassen. Ein Jahr später hatte sie die Lieferverträge für die Reaktortechnik mit Moskau gekündigt. Es war der Ausstieg aus der Atomenergie, noch ehe der Einstieg vollzogen war. Warschau hatte damit auf den massiven Bürgerwiderstand reagiert, der sich mit der politischen Wende auch in Polen offen formieren konnte. Besonders heftig und nachdrücklich hatte man im nahen Danzig gegen das „Zarnobyl vor der Haustür" protestiert – wie die Gegner Zarnowiec nach der Tschernobyl-Katastrophe 1986 mit bitterer Ironie nannten.

Die alte Grenze zwischen Pommern und Westpreußen, die 1920 die Grenze zum polnischen Korridor geworden war, führt südwärts in das Herz des Kaschubenlandes. Die Landschaft wird noch bewegter, die kuppigen Hügel höher, die Hänge steiler, die Flußtäler und langgezogenen Rinnenseen liegen tief in das eiszeitliche Geschiebe eingeschnitten. Der Baltische Rücken hat hier in Kaschubien – oder der Kaschubei – sein Rückgrat. Der Schimmeritzberg bei Bytow (Bütow) ist mit seinen stolzen 227 Metern die höchste Erhebung Pommerns. Den Turmberg zwischen Kartuzy (Karthaus) und Koscierzyna (Berent) auf der westpreußischen Seite haben die Gletscher sogar 331 Meter hoch aufgehäuft. Andeutungen einer Berglandkulisse spiegeln sich im Osteritzsee zu seinen Füßen.

„An dieser schönen Landschaft hat die anderen immer nur gestört, daß sie von uns Kaschuben bewohnt war", hatte der Vizewoiwode von Gdańsk, Professor Józef Borzyszkowski, gespöttelt. Borzyszkowski ist zugleich Präsident des „Kaschubischen Vereins", der mit großem Eifer für die Rechte der Kaschuben als ethnisch-kulturelle Minderheit streitet. „Unter kommunistischer Herrschaft hatten wir keine Minderheitenrechte. Im Gegenteil – wir waren suspekt, wurden überwacht und diskriminiert. Unsere Sprache war weder an der Universität noch in den Schulen oder der Kirche zugelassen. Aber unser Anderssein war ja schon immer schwierig – unter den Polen wie unter den Deutschen einschließlich der Preußen."

Daß die Preußen keine allzu hohe Meinung von den „Cassuben" hatten, zeigen Briefe, die der spätere Reichskanzler Otto von Bismarck 1847 aus Gut Reinfeld an seine Schwester schrieb: „Reinfeld liegt hier dicht bei Polen. Bütow ist die nächste Stadt, man hört die Wölfe und die Cassuben allnächtlich heulen ... Die umwohnenden Cassuben mit ihrem Gebell haben wenig, was die Last ihrer Geselligkeit erträglich macht. Ihre Conversation besteht darin, daß sie in abgemessenen Perioden ein klagendes Geheul ausstoßen, eine Gefühlsäußerung, die ich durch den Zustand ihrer Person und ihres Landes vollkommen gerechtfertigt finde ..."

Noch unfreundlicher hatte sich Gustav Freytag in seinen „Bildern aus der deutschen Vergangenheit" über die Kaschuben ausgelassen: „Das schmutzige und wüste Volk lebte von Brei aus Roggenmehl, oft nur von Kräutern, die sie als Kohl zu Suppe kochten, von Heringen und Branntwein, dem Frauen wie Männer unterlagen ... Stumpf und schwerfällig trank das Volk den schlechten Branntwein, prügelte sich und taumelte in die Winkel. Auch der Bauernadel unterschied sich kaum von den Bauern, er führte seinen Pflug selbst und klapperte in Holzpantoffeln auf dem ungedielten Fußboden seiner Hütte. Schwer wurde es auch dem Preußenkönig (Friedrich dem Großen), diesem Volk zu nützen. Nur die Kartoffeln verbreiteten sich schnell ..."

Sachliche Informationen hatte erst 1910 das Buch des Volksschullehrers Ernst Seefried-Gulgowski gebracht, dem er den bezeichnenden Titel *Von einem unbekannten Volke in Deutschland* gegeben hatte.

Damals war man fleißig dabei, das eigenwillige und eigenständige Völkchen durch ein Heer von preußischen Lehrern und Beamten zu germanisieren. Als tiefreligiöse Katholiken sahen die Kaschuben außerdem zunehmend ihren Glauben durch den protestantischen Staat bedroht. Sie reagierten darauf

Der große Tag für die Kleinen – Kommunion in einer Dorfkirche bei Bytow (Bütow). Im Gegensatz zu den Masuren sind die Kaschuben Katholiken.

Ländliche Idylle in einem kaschubischen Dorf bei Kartuzy (Karthaus).

mit einem engeren Schulterschluß mit ihren polnischen Stammverwandten. Als sie sich 1920 dann in großer Zahl im polnischen Staatsverband wiederfanden, kühlten die Sympathien rasch wieder ab – nunmehr sahen sie sich durch die Behördenwillkür und Ignoranz der Polen diskriminiert.

Nach dem deutschen Einmarsch 1939 in Polen waren sie wieder das Opfer der anderen Seite: 12 000 Kaschuben – vor allem Lehrer und Priester – wurden von den Nazis umgebracht. Dem folgten nach 1945 die Jahre der erneuten polnischen Drangsal – man sah in ihnen – wie in den Masuren – die ungeliebten Deutschen, die „Fritzen" und „Hitleristen". Ein Zusammenschluß junger, kaschubischer Intellektueller, die sich für die Wahrung der eigenen Sprache und der kulturellen Eigenart einsetzten, wurde von der kommunistischen Führung als eine Fünfte Kolonne betrachtet.

Der „szuba", der Pelzumhang, gab den Kaschuben ihren Namen. Die Vorsilbe „ka" bezeichnet im Slawischen etwas Großes, Plumpes, Ungeschicktes. Der „Kaszube" war der „Träger eines dicken Pelzrockes". Die Geschichte verlangte es, daß man sich auch im übertragenen Sinne beizeiten ein dickes Fell zulegten. Anders hätte das „unbekannte Volk" zwischen seinen beiden unfreund-

Kartoffelernte bei Lebork (Lauenburg) –
Friedrich der Große brachte die Erdknolle nach Pommern.

lichen großen Nachbarn wohl kaum seine sprachliche und kulturelle Eigenart bis in unsere Tage herüberretten können. Für die Kaschuben zeigt sich heute – zum ersten Mal in ihrer Geschichte – ein deutlicher Silberstreif am Horizont. Denn die neue polnische Regierung hat sich zum Schutz der Rechte der nationalen und ethnischen Minderheiten im Lande verpflichtet.

Der Kaschubische Verein mit dem Danziger Vizewoiwoden Professor Borzyskowski an der Spitze vertritt die ethnisch-kulturellen Interessen dieser Bevölkerungsgruppe mit beachtlicher Aktivität.

„Was wir jetzt als erstes brauchen, sind Schulen mit Unterricht in kaschubischer Sprache und die Ausbildung von Lehrern an Hochschulen mit Lehrstühlen für Kaschubisch. Eine halbe Stunde wöchentlich im regionalen Fernsehen haben wir schon. Die Übersetzung des Neuen Testaments ist gerade fertig", hatte mir Professor Borzyskowski in Gdańsk gesagt. Immerhin – so habe eine neue soziologische Untersuchung ergeben – lebten in Nordpolen heute 300 000 Menschen, bei denen beide Elternteile Kaschuben seien oder gewesen seien.

Doch es geht dem Verein nicht nur um eine Renaissance der Sprache der Vorväter. Er will sich auch für die wirtschaftliche Ent-

wicklung der kaschubischen Region und für einen verstärkten Umweltschutz sowie eine möglichst schnelle Entmilitarisierung der Danziger Bucht stark machen.
Außerdem will man den Demokratierungsprozeß in Polen vorantreiben. Mitglieder des Kaschubischen Vereins sind bereits in viele Kommunalparlamente gewählt worden. Borzyskowski selber hatte sich als Kaschube um das Amt des Vizewoiwoden beworben. Auch in der großen Politik hofft man, eine Rolle zu spielen.
Als anerkannte Minderheit, so Boleslaw Fac, könnten die Kaschuben heute „Mörtel zwischen den Steinen des polnischen und des deutschen Volkes“ sein.
Golden liegt der pommersche Herbst über den Moränenbuckeln des „Blauen Ländchens“. Hier hatten sich die nordischen Gletscher besondere Mühe gegeben, Hügel und Seen zu einem anmutenden Landschaftsstück zu vereinen. Nach Westen, hinter Bytow, werden die Wellen sanfter, die Felder weiter. Hier lagen die Güter der von Zitzewitz, von Krockow, von Below – es war der kaschubische Adel. Polnische Könige, die bei ihrer chronisch leeren Kriegskasse ihren Soldaten aus Pommerellen den Sold schuldig bleiben mußten, hatten statt des Entgelts in barer Münze freigiebig Adelstitel verliehen. Durch nachfolgende Erbteilungen gab es im polnischen Teil der Kaschubei schließlich so viele Adlige auf kleinster Scholle, daß ein Sprichwort spottete: „Ich bin Herr, du bist Herr – doch wer soll die Arbeit tun?“

Der Baltische Höhenrücken mit seinen Hügelkuppen prägt das Gesicht der Kaschubischen Schweiz.

Als Diplomaten, so hatte Friedrich der Große befunden, seien die Pommern nicht zu gebrauchen, wohl aber taugten sie als gute Soldaten. So holte er sich mit Vorliebe die hinterpommerschen Junker für sein Offizierscorps, was deren standesgemäße Versorgung sicherte.

„Ich liebe die Pommern wie meine Brüder, und man kann sie nicht mehr lieben, als ich sie liebe; denn sie sind brave Leute, die mir jederzeit in Verteidigung des Vaterlandes sowohl im Felde als auch zu Hause mit Gut und Blut beigestanden haben", hatte der König 1780 bei einem Besuch in Stargard geschwärmt. Und pommersches Blut war reichlich geflossen. Allein die Familie Kleist verlor in den drei schlesischen Kriegen 49 Angehörige auf den Schlachtfeldern.

Aber der Alte Fritz sorgte auch für den späteren Wohlstand seiner geliebten, pommerschen Landeskindern – und da vor allem auch für den Landadel auf den großen Gütern. Er brachte – gegen allerlei Widerstände – die Kartoffel ins Land, die auf den meist sandigen Böden prachtvoll gedieh. Vor allem, als mit dem Bau der Eisenbahnen der Transport der Erdknollen in Richtung Westen kein Problem mehr war, verdienten die Bauern und die „Kartoffelbarone" ihr gutes Geld. Große Mengen wurden auch an Ort und Stelle verarbeitet: Jeder bessere Gutshof hatte seine eigene Spritbrennerei. Auch als Pomorze ist Pommernland Kartoffelland geblieben. Bei Koszalin (Köslin) hat man der Knolle des Alten Fritz sogar ein eigenes Denkmal gesetzt: eine mannshohe, bronzierte Kartoffel auf einem Stahlträger, die – wie auf eine Gabel gespießt – auf das Pellen zu warten scheint.

Auf den abgeernteten Feldern neben der Straße glosen die Kartoffelfeuer. Ihr Rauch steigt in dicken Schwaden zum Herbsthimmel und hängt als zerfranster, bläulicher Schleier über der Landschaft. Nicht nur das Auge – auch die Sinne des Geruchs haben ihre geheimnisvollen Speicher des Erinnerns. Der Rauch der Kartoffelfeuer riecht nach Heimat der Kinderjahre – es riecht nach Pommern.

Dänemark
Fünen
Korsør
Seeland
Trelleborg
Ystad
Tondern
Nordfriesische Inseln
Westerland
Alsen
Flensburg
Lolland
Møn
Bornholm (Dän.)
Rønne
Schleswig
Rødby Havn
Puttgarden
Falster
Gedser
Fehmarn
Arkona
Rügen
Saßnitz
Mukran
Ostsee
79
Deutsche Bucht
Helgoland
Husum
Rendsburg
Kiel
Neumünster
(L-Travemünde)
Nord-Ostsee-Kanal
25
Stralsund
Greifswald
Rostock
Wismar
Lübeck
Pommersche Bucht
Kolberg (Kołobrzeg)
Köslin (Koszalin)
Swinemünde (Świnoujście)
Belgard (Białogard)
Haff
Pommern
Cuxhaven
Wilhelmshaven
Emden
Bremerhaven
Hamburg
Schwerin
Mecklenburg
Neubrandenburg
Stettin (Szczecin)
Stargard (Stargard Szcz.)
Leer
Oldenburg
Bremen
Lüneburg
Lüneburger Heide
Müritz
Wittenberge
Schwedt
Pyritz (Pyrzyce)
Schneidemühl (Piła)
Elbe
Weser
Havel
Elbe-Seitenkanal
Celle
Stendal
Landsberg (Gorzów Wlkp.)
Warthe
Oder
Mittelland Kanal
Aller
Osnabrück
Hannover
Brandenburg
Berlin
Potsdam
Küstrin (Kostrzyn)
Birnbaum (Międzychod)
Teutoburger Wald
Bielefeld
Braunschweig
Hildesheim
Magdeburg
Weserbergland
Frankfurt
Fläming
Hamm
Paderborn
Harz
1142
Brocken
Dessau
Wittenberg
Guben
Spreewald
Grünberg (Zielona Góra)
Dortmund
Hagen
Ruhr
Deutschland
Göttingen
Cottbus
Sorau (Żary)
Bober
Glogau (Głogów)
Rothaargeb.
841
Kassel
Nordhausen
Leine
Halle
Leipzig
Mulde
Torgau
Hoyerswerda
Lausitzer Neiße
Lüben (Lubin)
Eder
Unstrut
107
Liegnitz (Legnica)
Sieg
Westerwald
Eisenach
Erfurt
Weimar
Gera
Dresden
Görlitz
106
Marburg
Jena
Thüringer Wald
Werra
Schlesien
Sudeten
Lahn
Gießen
Vogelsberg
773
982
Gr. Beerberg
Suhl
950
Wasserkuppe
Rhön
Fulda
Zwickau
Chemnitz
Erzgebirge
Reichenberg (Liberec)
Riesengebirge
Schneekoppe
1603
Taunus
879
Saale
Plauen
Aussig (Ústí n. L.)
Brüx (Most)
1244
Keilberg
Glatz (Kłodzko)
Wiesbaden
Frankfurt
Hof
Frankenwald
Karlsbad (Karlovy Vary)
Eger
Königgrätz (Hradec Králové)
Glatzer
Mainz
82
Darmstadt
Spessart
Coburg
Main
Fichtelgeb.
Schneebg.
1051
Eger (Cheb)
Böhmen
Würzburg
Bamberg
Bayreuth
Beraun
Prag (Praha)
187
Kolín
Mannheim
Tschechien
Oberpfälzer Wald
311
Pardubitz (Pardubice)
Heidelberg
Fürth
Nürnberg
Pilsen (Plzeň)
862
Brdy-wald
Moldau
Böhm.-Mähr. Höhe
Ansbach
Amberg
Schwandorf
Písek
838
Iglau (Jihlava)
Karlsruhe
Heilbronn
Altmühl
Naab
Fränkische Alb
Böhmerwald
Gr. Arber
1456
Regensburg
Bayerischer Wald
1362
Budweis (Č. Budějovice)
Znaim (Znojmo)
Pforzheim
Stuttgart
342
Schwarzwald
Neckar
Schwäbische Alb
Ingolstadt
Isar
Passau
Gmünd
Ulm
466
Augsburg
Freising
Landshut
292
Donau
Alpenvorland
München
Inn
801
Vöcklabruck
266
Linz
Krems
Korneuburg
St. Pölten
171
Wien
Schaffhausen
Kaufbeuren
Iller
Lech
Chiemsee
Gmunden
Steyr
Enns
Konstanz
Bodensee
Lindau
Kempten
Bad Reichenhall
Salzburg
Bad Ischl
Wr. Neustadt
Leitha
Neusiedler See
Zürich
St. Gallen
2962
Zugspitze
Kufstein
Dachstein
2995
Eisenerz
985
Ödenburg (Sopron)
Semmering
Feldkirch
574
Kitzbühel
Leoben
Schwyz
Vaduz
Arlberg
1793
Landeck
Innsbruck
Salzach
Österreich
Mauterndorf
Mur
3797
Rhein
595
Chur
Wildspitze
Brenner
Großglockner
Katschberg
Graz